VIVER SEM MEDO

JAMIE WINSHIP

VIVER SEM MEDO

Trocando as mentiras do mundo pela verdade libertadora de Deus

Tradução de Caroline Silva

Rocco

Título original
LIVING FEARLESS
Exchanging the Lies of the World for the Liberating Truth of God

Originalmente publicado em inglês por Revell, uma divisão da
Baker Publishing Group, Grand Rapids, Michigan, 49516, EUA.

"As citações bíblicas utilizadas neste livro, exceto quando indicado ao contrário, foram retiradas da Almeida Revista e Atualizada (ARA)."

EDITORA ROCCO LTDA.
Rua Evaristo da Veiga, 65 – 11º andar
Passeio Corporate – Torre 1
20031-040 – Rio de Janeiro – RJ
Tel.: (21) 3525-2000 – Fax: (21) 3525-2001
rocco@rocco.com.br|www.rocco.com.br

Printed in Brazil/Impresso no Brasil

Preparação de originais
MARCELA ISENSEE

CIP-BRASIL. CATALOGAÇÃO NA PUBLICAÇÃO
SINDICATO NACIONAL DOS EDITORES DE LIVROS, RJ

W742v

Winship, Jamie, 1959-
Viver sem medo : trocando as mentiras do mundo pela verdade libertadora de Deus / Jamie Winship ; tradução Caroline Silva. - 1. ed. - Rio de Janeiro : Rocco, 2025.

Tradução de: Living fearless - exchanging the lies of the world for the liberating truth of God
ISBN 978-65-5532-604-8
ISBN 978-65-5595-401-2 (recurso eletrônico)

1. Deus - Doutrina bíblica. 2. Verdade - Aspectos religiosos. 3. Vida cristã. I. Silva, Caroline. II. Título.

CDD: 248.4
25-99876.0 CDU: 27-4

Carla Rosa Martins Gonçalves - Bibliotecária - CRB-7/4782

Para Mac,
que me ensinou, como o Ulisses de Tennyson,
que "sou parte de tudo que encontrei".

Sumário

Prefácio 9
Agradecimentos 13
Introdução: Permanência 15

Parte 1: Atenção 27

A morte de uma conversa 27
Conversa em uma carona 29
Retirar-se? Nunca! Avançar! 34
Liberte-se! Por favor! 39
Três grandes mistérios 45
Um médico e seu cachorro 49
Mil e um talibãs 53
Confessar-se não é o mesmo que se desculpar 55
Silenciar o lugar 59

Parte 2: Consciência 75

Minhas três faces: a real, a verdadeira e a falsa 75
Você sabe dar as boas-vindas? 77

O que há em um nome? 79
Guerra: para que ela serve? 81
O Rei e eu... e todo o restante de nós também 83
Isso é só um teste 85
O líder do bando 87
Agora você me vê, agora não mais 90
O des-conforto da introspecção: andando lado a lado comigo mesmo 95

Parte 3: Anunciação 109
Se ao menos você pedisse 110
Esta é uma identidade falsa? 118
Fazer o quê? Está falando comigo? 122
Venha vê-lo! 127
O gato no chapéu 134
De onde vem meu socorro? 138
Pare o trânsito 142
Alguma pergunta? 143
Faça a grande pergunta 149

Parte 4: Ação 169
Libertando um libertador 178
Uma ortodoxia não ortodoxa 181
A fatalidade do medo 188
Kairos *versus* chronos 192
De covarde a conselheiro 194
De volta ao início 199

Notas 201

Prefácio

"Que bobagem!"

Foi assim que uma médica parteira respondeu quando lhe pedi que fechasse os olhos e se permitisse alcançar um entendimento de sua verdadeira identidade, em vez das várias que a estavam afetando de forma negativa.

Ela era uma das treze parteiras que estavam participando de uma jornada de desenvolvimento profissional focado na verdadeira identidade *versus* a falsa identidade e seus efeitos na dinâmica da equipe no local de trabalho.

Estávamos sentados em círculo, praticando o exercício, mas essa médica não queria continuar. As outras parteiras, todas com alto nível de formação e experiência profissional, me encararam em busca de orientação. Para ser sincero, tive vontade de dizer ao grupo que faríamos uma pausa de dez minutos, correr até o meu carro e dar o fora dali.

Por algum motivo, esse grupo de parteiras me intimidava muito mais que os nômades muçulmanos que Art (snm) Blumfield[1] e eu conduzimos nesse mesmo processo no meio do Deserto do Saara durante meus anos de treinamento. Eles nos ameaçaram com a promessa de que, se o processo de troca de identidade não transformasse suas ideias de forma radical, iriam "se livrar de nós" e se juntar à organização militante extremista, a fim de tentar recrutá-la. Nosso objetivo era evitar ambas as coisas.

— Isso não é nada bom, Art — sussurrei. — Eles não parecem felizes.

— Tenha fé — disse Art com sua calma irritante.

— Esses caras estão ficando insanos — respondi com rouquidão na voz, imaginando minha mulher e meus filhos junto à minha sepultura.

Art endureceu ao ouvir minha observação sombria.

— Escute, Rookie. O mundo todo está ficando insano. Encontrar a fé em um mundo enlouquecido é nosso único caminho para sermos plenamente vivos, plenamente humanos e plenamente livres. Pare de pensar e se concentre nas pessoas feridas que estão diante de você. Trabalhe no processo.

Essa foi a única vez em que ouvi Art erguer a voz. Ele costumava falar naquele tom suave e inteligente de um bibliotecário despreocupado. O que ele disse, no entanto, foi claro e impossível de esquecer.

Concentrei-me na doutora à minha frente e a imaginei como uma das corajosas parteiras da Bíblia que, desafiando as ameaças de morte do poderoso faraó egípcio, salvaram a vida daquele que seria seu próprio salvador, o pequeno Moisés.[2] Se elas não tivessem permanecido firmes em sua verdadeira identidade de filhas do Altíssimo, teriam perecido nas falsas identidades de vítimas e escravizadas.

— Respire fundo e relaxe — disse-lhe. — Você não precisa combater tudo na vida. Você acha que não é tão inteligente quanto suas colegas de trabalho e que não tem valor real. Isso não é verdade. Ouça a voz de Deus, a voz da verdade absoluta e do amor incondicional. Receba. Para qual identidade a voz do amor a chama?

De olhos fechados, ela começou a se balançar suavemente para a frente e para trás. Uma lágrima solitária escorreu pelo contorno do rosto e caiu na sua mão erguida.

— Meu Deus — sussurrou ela. — O amor me chama para curar as nações. Eu preciso ir às nações.

Em um ano, ela e a família se mudaram para outro país a fim de trabalhar com pessoas marginalizadas. Se você perguntar a ela quem a mandou ir, ela dirá que foi o Espírito Santo. Ela percebeu que ouviu essa voz a vida inteira; só não sabia quem era. Agora ela sabe, e tudo é diferente.

Este livro é dedicado a todas as parteiras do mundo, a Art (snm) Blumfield e a qualquer um que, como o apóstolo Paulo, acredite que é uma boa ideia deixar para trás todo o lixo que o mundo nos oferece e adentrar a vida plenamente viva, plenamente humana e plenamente livre que o Espírito Santo nos oferece por meio do nosso relacionamento com Cristo, que é o caminho, a verdade e a vida. Nele podemos verdadeiramente encontrar a fé transformadora em um mundo ensandecido.

Agradecimentos

Quero agradecer ao pastor Dave Nelson, da igreja K2 the Church (Murray, Utah), por iniciar e receber o retiro de homens em que estas ideias encontraram espaço.

Quero agradecer a Josh Metcalf, que escutou uma gravação destas palavras e me desafiou a registrá-las por escrito.

E quero agradecer a Vicki Crumpton, do Baker Publishing Group, que leu estas palavras e me desafiou a escrevê-las direito.

INTRODUÇÃO:

PERMANÊNCIA

Há muito tempo, um rei veio ao mundo contar histórias, e as histórias continham o mistério da vida eterna.
JARED C. WILSON

Jesus contou a seguinte parábola, mostrando aos discípulos que deviam orar sempre e nunca desanimar.
LUCAS 18:1 (NTLH)

Com outras histórias semelhantes, ele apresentava sua mensagem ao povo, aplicando as histórias à experiência e compreensão deles. Ele sempre contava uma história. Quando estava sozinho com seus discípulos, explicava tudo, desfazendo o emaranhado. Todos os nós eram desatados.
MARCOS 4:33–34 (MSG)

Em uma noite escaldante de julho de 1983, eu caminhava ansioso pelo estacionamento da subdelegacia de polícia enquanto aguardava o oficial de treinamento de campo que decidiria minha vida pelos doze meses seguintes e ditaria meu futuro vocacional. O burburinho entre os outros quatro novos recrutas que também estavam ansiosos, indo de um lado para o outro no estacionamento naquela noite abafada, era "de todos os oficiais que você pode pegar, peça a Deus que não seja o Troll".

O Troll, como era (des)afetuosamente conhecido por todos os recrutas, era um dos mais temidos oficiais de treinamento no departamento de polícia. Se os rumores fossem verdadeiros, o que lhe faltava em habilidades interpessoais e empatia lhe sobrava em tornar a vida de um novo recruta um pesadelo; ele sorria orgulhoso quando os novatos acuados entregavam suas armas e seus distintivos e iam procurar emprego em outro lugar — em qualquer outro lugar.

Todos nós paralisamos e paramos de respirar quando os cinco oficiais saíram do prédio e começaram a examinar uma lista para determinar o recruta de cada um. Eu nunca tinha encontrado nem mesmo visto o Troll, mas era fácil identificá-lo entre os outros oficiais. Muito mais baixo e largo que seus colegas, o Troll não se deu ao trabalho de consultar a lista. Em vez disso, fitou nosso grupo encolhido — e realmente estávamos encolhidos naquele momento — e gritou para todo o estacionamento:

— Qual de vocês [muitos palavrões] eu vou ter que demitir? Vamos acabar logo com essa [mais palavrões] desgraça de noite e poupar tempo.

Já com o suor escorrendo por debaixo do meu colete à prova de balas, comecei a orar, decerto a oração mais intensa que já fizera em toda a minha vida:

— Por favor, Jesus, não permita que o Troll seja o meu oficial. Por favor. Peço perdão por todos os pecados de comissão e de omissão que já cometi na vida. Por favor, que seja qualquer um, menos o Troll.

Então, como em uma profecia, o Troll gritou com uma voz áspera e definitivamente maligna:

— Alguém aí está orando para não me ter como oficial? Se estiver, adivinhe?

Ai, não, pensei, *um beco sem saída espiritual.*

Horrorizado, fiquei assistindo aos outros oficiais se juntarem aos seus recrutas, entrarem em suas viaturas policiais e irem embora. O único oficial que restou se aproximou de mim, sozinho e desprotegido, até que fiquei a apenas poucos metros do infame, daquele rosto em chamas, do arruinador de destinos e futuros: o Troll em pessoa.

Que Deus me ajude.

— Você fez faculdade, recruta? — perguntou o Troll, chegando mais perto. O hálito dele cheirava a salsicha, cebola e um toque de uísque. Embora eu fosse um tanto mais alto, eu me sentia minúsculo perto dele.

— Sim, senhor.

— Então você é inteligente?

Eu sabia que não deveria responder a essa pergunta.

— Eu não fiz faculdade. Você é mais inteligente que eu?

Mais uma vez, optei pela sabedoria do silêncio. Além disso, eu estava intimidado demais para falar.

— Não vai abrir a boca, então?

O Troll deu uma volta ao meu redor devagar, estalando a língua em desgosto, como um fazendeiro que examina um pé de milho corroído por gorgulhos. Quando terminou a inspeção e ficamos frente a frente de novo, ele retomou sua nada inspiradora apresentação pessoal:

— Eu só tenho uma regra simples para você, recruta. Durante todo o tempo que permanecermos juntos, você está proibido de falar a menos que eu lhe dê permissão, o que será quase nunca. Entendido?

Assenti, mas estava pensando: *o Troll usou a palavra permanecer? Esse grande inimigo dos jovens policiais usou a palavra permanecer porque é fã da Bíblia ou de* O Grande Lebowski?[1]

— O motivo pelo qual você não vai falar — o Troll continuou — é que quando você estiver falando, eu estarei calado. E, quando eu estiver calado, você não estará ouvindo. E, se você não estiver ouvindo, não estará aprendendo. Então, sua meta para o próximo ano, se você durar comigo todo esse tempo, será ficar de boca fechada, ouvir e aprender. Se for capaz disso, tem chances de sobreviver. Entendido?

Assenti de novo enquanto pensava: *eu acabei de ouvir um sermão sobre a oração?*[2]

— Confirme que entendeu — o Troll gritou.

— Entendido, senhor.

— Então entre na [palavrão][3] da viatura, e vamos começar. Você dirige, eu falo.

No ano que se seguiu, passei cinquenta semanas com turnos de quatro dias de dez horas ao lado do primeiro verdadeiro discipulador que tive. Mesmo que o Troll não fosse um seguidor de Cristo, ele compreendia a arte do discipulado melhor que qualquer um que eu já tivesse conhecido.

A primeira pergunta que o Troll me fez no início dos turnos foi:

— Tem certeza de que quer continuar comigo?

Sempre senti que o próprio Jesus me faria essa pergunta se fosse meu oficial de treinamento de campo. "Você vai estar, ficar, habitar, continuar, permanecer em mim e comigo hoje?"[4]

Com essa comparação em mente, pense nos tipos de pergunta que o Troll me fazia, de uma forma ou de outra, em quase todos os turnos. Eu as categorizei para facilitar as coisas.

Vocacionais

> Você está pronto para me ouvir e aprender comigo? Entende que sem minha orientação você não será um bom policial e será demitido? Entende que se ficar comigo durante todo o ano poderá se tornar um policial altamente produtivo e efetivo? Por que você está tentando ser um bom policial? Está tentando provar que é macho? Está tentando provar algo para alguém? Você não se sairia melhor em algum outro emprego? Você tem medo de mim? Deste emprego? De fracassar?

Táticas

> Por que você acabou de fazer o que fez? Você pensa antes no que vai fazer? Com que frequência? Por que você disse essas palavras específicas àquela pessoa? Você pensa antes no que vai dizer? Com que frequência? Você tem medo de pensar?

Conjugais

> Como está seu casamento? Você faz sexo com a sua esposa todos os dias, uma vez por mês ou uma vez por ano? Sua esposa gosta do fato de você ser policial?

> O que você faria se lhe oferecessem sexo no trabalho? Contaria à sua esposa? Você é sincero com ela? Você tem medo de se comunicar com sua esposa?

Pessoais

> Você sabe quem é? Quem é você? Você é racista? Machista? Tem algum problema com pessoas pobres? Com pessoas ricas? Com pessoas em situação de rua? Com pessoas estrangeiras? Você está disposto a morrer por pessoas de quem não gosta? Por pessoas que não gostam de você? Tem medo de morrer?

Se eu falhasse em dar uma resposta firme, transparente e conforme o gosto de Troll, ele gritava:

— Chega, recruta. Tente de novo.

Depois desses interrogatórios invasivos, o Troll em geral lançava mão de parábolas policiais indecentes, ao estilo de Chaucer, a maioria das quais é impronunciável, para ajudar a ilustrar ou enfatizar o que estava querendo ensinar, o que costumava ir na linha de "Ah, recruta incapaz de aprender e de responder, por quanto tempo vou ser obrigado a ficar aqui com você?".

Imagine passar dez horas por dia ouvindo esses tipos de pergunta e história. E, apesar de tudo isso, não é possível imaginar, em um nível muito mais redentor e encorajador, Jesus ensinando da mesma forma? Jesus não pregava de modo formulaico para seus seguidores, fazendo sermões com base em capítulos e versículos. Ele não os conduzia por um fio linear de pontos de verdade proposicionais. Ele dedicava tempo aos seus discípulos, fazendo muitas perguntas e contando muitas histórias — que ainda hoje tentamos entender. Mateus descreve um dia com Jesus: "Tudo o que Jesus fez naquele dia foi contar histórias — uma longa tarde de histórias." (MT 13:34, MSG) E Jesus não só guiou seus seguidores pelo caminho da verdade; ele era a própria verdade.

Assim como Jesus com seus discípulos, o Troll não me fazia essas perguntas incisivas sentado em uma sala de aula ou em meio a um grupo de homens em uma cafeteria ou em um retiro de casais na natureza. Ele me desafiava em tempo real, em situações de vida real, nas quais as pessoas, incluindo eu mesmo, normalmente são confrontadas com seus piores momentos; aqueles mais comprometedores, violentos, temíveis e desesperados.

Pense nisso. Quando Jesus surpreendia seus seguidores com as perguntas mais importantes? Não era na confusão das experiências do mundo real? No calor de uma discussão? Nas profundezas do medo e do fracasso? Diante da morte?

Ao fim de cada turno, o Troll me confrontava com a seguinte pergunta:

— Como eu não acho que você vai conseguir, quer pedir pra sair agora?

Lembra-se da pergunta que Jesus fez aos seus discípulos em João 6:66-67? "Depois disso, muitos discípulos o abandonaram. Não queriam mais nenhuma ligação com ele. Então, Jesus deu aos Doze a mesma oportunidade: 'Vocês também querem me abandonar?'" (MSG)

Depois de cada um dos meus turnos, quando eu não estava mais na companhia do Troll, minha mulher perguntava como tinha sido o trabalho. Muitas vezes minha resposta era:

— Não acho que vou conseguir. O Troll está fazendo da minha vida um pesadelo. Por que continuar tentando?

Por que os Doze não abandonaram Jesus? O que os fez continuar? Não era como se Jesus tivesse lhes garantido uma vida feliz, calma e próspera de tranquilidade e conforto. Ele os conduzia direto aos seus medos mais profundos e sombrios. Por que eles continuaram?

A resposta de Pedro ao desafio de Jesus é arrebatadora: "Senhor, para onde iríamos? Só o senhor tem as palavras de vida verdadeira, de vida eterna. Já decidimos segui-lo de fato e acreditamos que és o Santo de Deus." (JO 6:68–69, MSG)

Pedro, ao menos nesse momento, entende que estar com Jesus não é um contrato, uma transação ou uma troca de favores que só vale a pena enquanto lhe for benéfica. Na verdade, Pedro descreve seu relacionamento com Jesus como praticamente o oposto disso. Trata-se de uma aliança iniciada de modo divino, na qual apenas uma parte é beneficiada. *Só* Jesus tem as palavras de vida eterna e Jesus é a *única* esperança porque é o *absoluto* Santo de Deus, o Cristo, o Filho do Deus vivo. A Pedro cabe receber.

Como Pedro sabe disso tudo? Como ele pôde acreditar e confiar plenamente nas palavras (em grego, *rhema*) de "vida eterna" de Jesus? Ele foi persuadido por um processo de observação pessoal e experiências, com Jesus, e esse processo é chamado de "permanência".

Permanecer, segundo o dr. John Piper,[5] é o ato de receber e acreditar em tudo o que Deus tem e é para nós em Cristo. Jesus nos diz simplesmente: "Permanecei em mim, e Eu permanecerei em vós." (JO 15:4, BKJ) A Bíblia *A Mensagem* traduz o versículo 4 como "Venham morar em mim, como Eu moro em vocês".

Por que Pedro se recusou a abandonar sua "associação" a Jesus? Porque ele não estava em associação a Jesus; ele não era nem mesmo um mero amigo de Jesus. Pedro entendeu, por meio da observação pessoal e de suas experiências, que ele morava em Jesus e, mais surpreendentemente, que Jesus morava nele. Quem abandonaria tal moradia em Jesus?

Essa vida de permanência e moradia em Jesus está disponível para nós hoje e inclui toda a plenitude do Deus Supremo; a frutificação espiritual; a plenitude das palavras, do amor e da alegria do Pai; orações respondidas; e a glória e a honra de Deus.[6] Pergunto mais uma vez: quem iria querer abandonar esse relacionamento?

Só pude suportar o Troll durante aquele ano agonizante por ter permanecido morando com o Deus que ainda fala — o Deus de Abraão, Isaque e Jacó —, revelado a nós em Cristo Jesus e derramado em nós através do Espírito Santo. Toda vez que o Troll me fazia uma pergunta incisiva, o Espírito de Deus fazia a mesma pergunta de maneira ainda mais profunda. Toda vez que o Troll me contava uma história ousada ou trazia uma descrição inadequada, o Espírito de Deus embelezava a história e tornava a descrição redentora. Toda vez que o Troll me amaldiçoava ou me menosprezava, o Espírito de Deus me lembrava do quanto Ele amava o Troll. E toda vez que o Troll me perguntava se eu queria desistir, o Espírito de Deus me perguntava: "Se você desistir, quem vai dizer ao Troll que Eu o amo?"

Na noite em que meu período de experiência acabou, o Troll me olhou e disse, sem nenhuma cerimônia:

— Você conseguiu. Estou liberando você.

Fiquei parado o encarando, pensando nas palavras de Jesus na cruz: "Está consumado!" (JO 19:30)

— Agora você está livre para falar à vontade — ele disse. Tentou esboçar um sorriso, que pareceu forçado e doloroso e acabou saindo mais como sarcasmo.

— Obrigado, senhor.

— Não me chame de senhor. Podemos ser amigos.

— Agora vou ficar por conta própria? — perguntei.

— Não — ele respondeu. — Agora você é policial de verdade. Estação 5, esquadrão E. Você tem o departamento de polícia inteiro o apoiando o tempo todo.

Quando Jesus estava pronto para liberar seus discípulos, ele lhes prometeu, enquanto amigo,[7] que nunca ficariam sozinhos; que o Pai lhes enviaria o Espírito Santo, que os guiaria em toda a verdade e incessantemente os lembraria de Cristo e das coisas que estavam por vir.[8] 1João 4:13 nos diz que "Sabemos que estamos vivendo uma vida plena Nele, e Ele em nós, porque Ele nos deu vida que procede da sua vida, que vem do seu Espírito". (MSG) Em outras palavras, se permanecermos em Cristo, todo o reino de Deus não apenas está conosco, mas dentro de nós.

Em 1985, quando fui nomeado Policial do Ano, dediquei meu sucesso a quatro pessoas: o Pai, o Filho, o Espírito Santo e o Mestre Policial conhecido como Troll, todos os quais amo do fundo do meu coração até hoje.

Embora o Troll já tenha se aposentado há muito tempo, a Trindade permanece ativa e presente. Mais que isso, a Trindade sempre nos convida a morar no Deus Supremo de forma profunda e transformadora.[9] Assim sendo, tenho uma sugestão: vamos tentar fazer o que Pedro fez e observar e experienciar pessoalmente o que acontece quando moramos em Cristo. Veja, uma pessoa não *aprende* a permanecer; ela permanece e então *aprende* o que acontece como resultado da permanência. Eu não *aprendi* a passar dez horas por dia com o Troll; passei dez horas por dia com o Troll e *aprendi* o valor de seu treinamento. Então, vamos nos comprometer a passar um turno de dez horas permanecendo em Cristo juntos e ver o que acontece. Combinado? Ótimo.

Eis algumas coisas que você precisa saber:

Primeira, eu serei seu oficial de treinamento de campo.[10]

Segunda, como seu oficial de treinamento, tenho apenas uma regra simples para você, leitor: ao ler este livro, você está autorizado apenas a *receber* de Deus o que Ele tem para você em Cristo através do Espírito Santo.

Terceira, como seu oficial, ensinarei com histórias, examinando várias passagens das Escrituras e fazendo perguntas. No entanto, não fornecerei as respostas; ouviremos a Deus e anotaremos as respostas que Ele der por meio do seu Espírito.

Quarta, à medida que dedicavam seu tempo a permanecer em Jesus, os discípulos se tornavam mais atentos às coisas de Deus, o que os levou a uma consciência mais ampla do mundo ao seu redor. Essa consciência os deixou impressionados por sua grande necessidade de ouvir e entender as anunciações[11] de Jesus, o que os conduziu a uma vida de ação transformadora. Permanência = atenção, consciência, anunciação, ação. Em nosso turno juntos, percorreremos esse processo.

Por fim, a narrativa a seguir é de uma interação real de dez horas (das sete às dezessete) entre trezentas pessoas e eu, enquanto passamos um dia juntos, permanecendo em Cristo. Sugiro que você também reserve um dia para trabalhar o material em um único encontro e observar como ele o impacta. Quero que você perceba tudo o que pode acontecer em sua vida em apenas um dia com Cristo. Vai por mim: você vai querer mais.

Combinado?

Então, pegue uma caneta, um caderno e uma Bíblia e vamos começar. Vou fazer algumas perguntas e contar algumas histórias, e Deus falará.

PARTE 1:

ATENÇÃO

Que é o homem, para que lhe dês importância e atenção (...)?
JÓ 7:17 (NVI)

A melhor forma de capturar momentos é prestar atenção.
JON KABAT-ZINN

A morte de uma conversa

Subi no palco em Salt Lake City e dei um bom-dia a uma multidão de trezentas pessoas, ou quase isso. Recebi um bom-dia morno de volta.

Continuei minha saudação matinal com a pergunta "Como vocês estão?" e recebi uma resposta ainda mais fraca, em que algumas pessoas murmuram "bem" e uma única gritou "ótimo".

Toda a interação, tendo como base uma fórmula cultural superficial, era desprovida de significado para a maioria, se não para todos, naquele lugar.

Esse padrão de comunicação muito usado é chamado de "formação de linguagem formulaica", em que eu começo de uma maneira previsível, e o público responde de maneira apropriada, porém igualmente previsível.

Há duas teorias de formação da linguagem: a formulaica e a generativa. A primeira significa que você usa fórmulas de linguagem. Uma vez que as tiver aprendido, não terá mais que pensar e criar. Rimos ao ouvir isso porque é o que a maioria de nós faz. Aprendemos fórmulas de linguagem.

Na fila do caixa em uma loja, aprendemos a falar com o atendente e dizer: "Oi, tudo bem?" O atendente responde: "Tudo, e você?" Parece familiar? Essa resposta segue uma fórmula linguística cultural. Independentemente do que a pessoa disser de volta, vou responder apenas "Tudo bem", pagar e ir embora. Nenhum de nós dois se importa de verdade com o que está sendo comunicado.

Se você for casado há muito tempo (eu estou casado há trinta e seis anos), pode acabar desenvolvendo uma fórmula para saber o que o outro vai dizer. Vocês quase não precisam de palavras. "Oi, hum, aham." "Combinado, ótimo." Essa é a conversa inteira porque vocês meio que sabem o que está acontecendo. Vocês operam sob padrões de uma linguagem desgastada.

Não se constrói um relacionamento real e dinâmico ao se fazer isso com as pessoas. Relacionamentos formulaicos fracassam e tendem a naufragar. Religiões formulaicas morrem e tendem a fossilizar.

Jesus nunca fala com fórmulas de linguagem. Sabe por quê? Porque toda pessoa com quem Jesus interage tem uma identidade única e distinta, da qual Ele é o Criador.

Jesus interage com as pessoas justamente pela linguagem generativa. Nessa formação, é criada uma nova conversa toda vez que você fala, e isso pode ser bem trabalhoso. Pode levar um certo tempo para se acostumar a esse estilo de conversa, já que definitivamente não é a fórmula norte-americana de comunicação.

Conversa em uma carona

Certa manhã, liguei para uma empresa de caronas para garantir uma até o aeroporto. Eu queria conversar com o motorista, então me sentei no banco da frente quando o carro chegou. O motorista pareceu surpreso, como se essa não fosse a fórmula certa a se seguir nesses aplicativos quando se está sozinho.

Eu vivi no mundo árabe por muitos e muitos anos, e lá você sempre se senta no banco da frente, ao lado do motorista de táxi. Se você se sentar atrás, é como se não gostasse dele, então é costume ir no banco da frente. E, se quiser que ele saiba que você está mesmo a fim de conversa, você segura a perna dele; mas não com a mão esquerda, porque é impura, então você precisa alcançar a perna dele com a sua mão direita.

Então me sentei no banco da frente, cumprimentei-o e estendi a mão para tocar a perna do motorista. Assustado, ele se encolheu junto à porta do seu lado e perguntou: "O que você está fazendo?" Claramente, essa fórmula era um método de comunicação inadequado para meu motorista norte-americanizado.

— Como você está? — perguntei, tentando corrigir meu erro.

— Você está indo ao aeroporto? — ele devolveu.

— Estou.

— Para onde você vai? — perguntou.

— Salt Lake City.

— Tem bons restaurantes por lá?

— Não sei. Talvez. Não sei se as pessoas pegam um avião até Salt Lake City para comer. Ela é conhecida por outras coisas, não necessariamente pelos restaurantes.

Estávamos engajados em uma conversa formulaica com perguntas e respostas previsíveis. Mas essas fórmulas não dizem nada sobre o senso de identidade de uma pessoa.

Para tornar a conversa generativa, perguntei:

— Além de levar as pessoas por aí, o que você faz?

— Não faço nada além disso — ele respondeu.

— Uau — devolvi.

Ele continuou:

— Minha meta é ficar de férias pelo máximo de tempo possível.

Nobre, não? É uma meta nobre. Sociólogos e antropólogos afirmam que as duas metas mais ousadas das pessoas são a imortalidade e a alegria permanente.

Se pudéssemos, é o que faríamos, não é? No entanto, não é essa vida (de mortalidade e alegria) que nos é oferecida pelo reino de Deus exatamente agora?

Esse cara partia do princípio de que não seria imortal, mas estava tentando ser permanentemente feliz; então, viajava para Belize sempre que podia. Economizava dinheiro e pegava um voo até Belize.

— O que você faz por lá? — perguntei.

— Quero abrir uma churrascaria.

— Interessante — eu disse. — Essa é sua identidade?

— Não sei. Talvez seja.

— Gerenciar um restaurante não é uma identidade, é uma vocação. Qual é a sua identidade? Quem é você?

— Eu não sei. Nunca pensei de verdade sobre isso. — Esperou por um momento e continuou: — Tenho um sobrinho de dezesseis anos, e ele não tem uma identidade.

Meu motorista era capaz de ver a ausência de identidade em outra pessoa, mas não em si mesmo. Não é interessante?

— Ele não tem uma identidade — continuou —, tudo o que faz é jogar videogame. Ele não tem nenhum senso de identidade.

Perguntei de novo:

— Qual é a sua identidade?

— Eu não sei. Onde uma pessoa arranja uma identidade?

— Onde você acha?

— Em Deus, talvez?

— Sim, pode ser — respondi. — É uma possibilidade.

Deus fala com as pessoas? Deus fala com você? Deus diz "esta é a identidade que Eu tenho para você"? É isso que Deus faz? Porque se fizesse, seria maravilhoso. Se Deus falasse conosco e nos dissesse qual é a nossa identidade, saberíamos o que fazer com a nossa vida. Não teríamos que nos voltar vez após vez a Ele e perguntar o que devemos fazer. Saberíamos o que deveríamos fazer porque nossa identidade e nosso ser pautariam o nosso fazer.

Simples, não?

Meu motorista se perguntou se a identidade poderia ser dada por Deus.

— Bem, Deus dá uma identidade? — perguntei.

Percebi que ele estava pensando, e era isso que eu estava esperando.

— Qual é a sua identidade? — ele perguntou.

Quando uma pessoa, em uma conversa como essa, pergunta qual é a sua identidade, é bom ter uma resposta. Os cristãos são muito bons em falar sobre coisas que não experienciaram de verdade. Às vezes, isso pode ser uma forma de mentira.

— Bem, minha identidade é ser um *militante pela paz* — respondi ao motorista.

— Uau — ele disse.

— Eu sei quais vocações facilitam e endossam essa identidade, e sei disso desde que eu tinha catorze anos. Então, minha vocação foi entrar para o departamento de polícia e fazer algo relacionado à militância pela paz.

Faz sentido. Eu escolhi uma vocação que faz parte da identidade de um pacifista militante. Quando escolhi uma vocação dentro dessa identidade, eu era muito, muito bom nisso. É fácil pensar dessa forma. Do contrário, se tivesse escolhido uma vocação fora da minha identidade, eu seria infeliz e frustrado, e não seria bom nisso. Todos os dias eu saberia que não sou bom nisso e, consequentemente, seria ruim. Eu poderia ir à igreja orar, mas não melhoraria, porque não fui feito para fazer o que quer que seja fora da minha identidade.

Eu disse ao motorista que era policial e que fui promovido muitas vezes, que depois fui recrutado pelo governo e que, então, fui a outros países. Minha militância pacifista começou pequena e foi se expandindo. Profissional e espiritualmente, cada vez mais e mais. As portas do inferno não poderiam prevalecer.

As portas do inferno não podem prevalecer contra nosso movimento para a verdadeira identidade. Mas, se dermos um passo para fora dessa identidade, seremos derrotados. É o fim.

— Se isso for verdade — disse ao meu amigo —, quão perigoso é viver uma vida sem nenhum senso da sua identidade? Qual é a proporção do perigo?

— Você está querendo dizer que eu deveria ter uma identidade que leva a ter um restaurante? — ele perguntou.

— Sim, sim, é isso.

— E que o restaurante seria apenas uma extensão da minha identidade?

— Sim. É isso mesmo.

— Eu preciso descobrir minha identidade. Talvez eu precise ir até Deus descobrir qual é — ele disse.

Não houve nenhuma linguagem formulaica nessa conversa. Nenhuma apresentação pré-fabricada do evangelho. Apenas uma conversa simples e generativa, focada nesse jovem incrível e em quem ele realmente é para Deus.

É assim que Jesus fala com as pessoas.

Durante toda a conversa, eu não disse nada sobre ser cristão. A conversa foi sobre identidade pessoal, e não sobre uma ideologia vazia.

Quando chegamos ao destino, ele pediu meu cartão. Nós nos encontraríamos para que ele pudesse ouvir Deus lhe contar qual é sua identidade. Não fui eu que sugeri isso, foi ele. Isso é compartilhar sua fé. É simples assim, mas você não pode dar o que não tem. Você não pode dar a outra pessoa algo que você mesmo não possui. A jornada de descoberta da sua verdadeira identidade no reino de Deus é uma jornada eterna. Não há uma linha de chegada para as profundezas de quem Deus fez você para ser.

Retirar-se? Nunca! Avançar!

Recentemente, em um país muçulmano, fizemos um evento de compartilhamento de identidade com o foco em homens. Todos tinham identidades fortes e eram muçulmanos praticantes. Não eram do tipo que tinham raiva do Islã ou que queriam trocar de religião. Todos os participantes amavam ser muçulmanos.

Era um evento de três dias que conduzia os participantes pelo processo de entendimento de sua verdadeira identidade, que é encontrada apenas no relacionamento com Cristo. Houve algumas nuances culturais, mas é basicamente o mesmo processo que você vai aprender neste livro.

Nosso principal palestrante era um muçulmano que tinha PhD na Sharia, o conjunto de leis islâmicas. A primeira coisa que ele fez quando se levantou foi dizer seu nome e de que parte do mundo muçulmano ele vinha.

Muitos dos homens naquela sala sabiam quem ele era por conta de sua reputação como especialista na Sharia e por ser um líder muçulmano muito franco. Ele deu suas credenciais, que é o que você faz em um contexto islâmico para que as pessoas saibam quem elas estão ouvindo (formulaico). Então, concluiu sua introdução com:

— E minha maior qualificação para falar com vocês ao longo destes três dias é o fato de eu ser um seguidor de Jesus, o Messias.

Quão generativa foi essa afirmação? Na verdade, foi disruptiva.

As pessoas começaram a gritar.

Não sei se você já viu um grupo de muçulmanos fervorosos em uma mesma sala. Eles não guardam as coisas para si; externalizam tudo.

Nossa equipe orou para fazer esse tipo de evento por uma década. Perguntávamos a Deus: "Como vamos dar conta disso?"

A resposta é parte do processo que vou compartilhar com você nas páginas deste livro.

Dentro de você, há ideias brilhantes. Mas como trazer essas ideias à vida? Como você faz essa palavra, essa ideia na sua mente, se tornar carne?

Jesus é a Palavra de Deus — a ideia de Deus resgatando a humanidade ao se tornar carne. Jesus é a Palavra que se torna a vida e caminha entre nós.

Todos temos ideias que precisam se tornar carne e viver fora de nós. Ideias maravilhosas, coisas com as quais sonhamos, coisas que ainda nem sabemos que sabemos, mas que vamos passar a saber.

Esses muçulmanos eram pessoas e, como qualquer pessoa cuja visão de mundo é ameaçada ou desafiada, se levantaram e gritaram: "Não! Não vamos aceitar isso!"

O medo destrói a criatividade e a recepção a novas ideias.

Depois de mais algumas palavras de apresentação, o grupo se acalmou um pouco e o palestrante continuou:

— Vamos percorrer a Bíblia juntos e descobrir, enquanto muçulmanos, a verdadeira identidade da pessoa de Cristo.

Mais uma vez, a sala explodiu em protestos. Não havia nenhum cristão na plateia. Nenhum. Todos ali eram muçulmanos. Eu e os seis norte-americanos que eu tinha convidado para ajudar a intermediar o evento estávamos próximos da placa de saída, preparados para fugir, se necessário.

O palestrante começou a ensinar.

Três horas se passaram assim. O público ainda gritava e reclamava, e o palestrante gritava de volta. Então, como um bom moderador, eu interrompi:

— Certo, vamos fazer uma pausa. Vamos nos acalmar e respirar um pouco.

Vão ser três longos dias, pensei.

Um dos muçulmanos ficou frustrado comigo:

— Não queremos uma pausa — ele disse. — Não somos norte-americanos.

Surpreso, eu me perguntei: *o que isso quer dizer? Você acha que os norte-americanos simplesmente vão a um seminário ou aula e logo começam a pensar quando será o intervalo?*

Sim, concluí. *É isso que fazemos. É exatamente isso que fazemos*. Que observação perspicaz. Por que tantas vezes buscamos uma resposta rápida, um rápido esquema espiritual que magicamente nos fará ser as pessoas que achamos que devemos ser?

Às 12h30, anunciei:

— Almoço!

Outro participante muçulmano respondeu:

— Essa é a nossa comida. Precisamos digerir essa novidade importante.

Os homens queriam entender o que o professor estava dizendo, porque ele era um deles. Eles o identificaram como "um de nós". Essa é a importância das percepções a respeito da identidade. O palestrante era um deles, e ele estava lhes dizendo que a única forma de viver esta vida e a que está por vir de maneira genuína é através da vida, da morte e da ressurreição de Jesus.

O palestrante tinha uma estratégia muito distinta para guiar essas ideias tão diferentes e controversas.

Ele começava com uma afirmação introdutória do tipo: "De acordo com o Alcorão, a Bíblia não pode ser corrompida."

Todos gritavam em protesto, mas o palestrante calmamente analisava as evidências com toda a calma e, de modo metódico, provava seu ponto. Ao fim da sessão, que durava horas, depois que todos tivessem se acalmado e ele tivesse esgotado o assunto, ele andava pelo lugar e perguntava a cada um dos trinta participantes, um por um, se então concordavam com a nova ideia.

Sentado bem de frente ao palestrante estava o líder de Estudos Islâmicos de uma rede de escolas públicas. Toda vez que o palestrante se dirigia a ele, a sala ficava em silêncio.

— Você concorda? — o palestrante perguntava. — Porque não conseguiremos avançar até que cada um de vocês concorde. Se um não concordar, faremos tudo de novo.

Os participantes queriam chegar a um acordo, entre outras razões, porque estavam comovidos com o ensinamento de alguém com quem se identificavam de forma tão profunda. O palestrante não estava tentando convertê-los a outra religião. Ele estava simplesmente conduzindo-os a uma transformação da identidade.

Acredite em mim: aqueles homens não eram o tipo de pessoa que dizem algo apenas para fazer você se sentir bem. Eu sei, pois já tentei falar na frente deles.

— Você concorda? — o palestrante perguntou a cada participante.

— Sim, agora eu concordo — cada um respondeu.

Na sessão final, o palestrante começou com esta afirmação:

— Precisamos, enquanto muçulmanos, receber a dádiva de Jesus como nosso Salvador. Ele é o único caminho para o reino. Ele é a única esperança que temos para o futuro.

Os participantes se remexeram em desconforto, mas continuaram ouvindo.

O palestrante desenvolveu a ideia e, então, no fim, perguntou a cada um:

— Você concorda que precisa receber a dádiva de Jesus vinda de Deus? Você concorda?

Um dos participantes era um jornalista de uma revista do Oriente Médio. Estávamos nervosos por tê-lo na sala, mas pensamos: *Deus não tem medo, tem?* O artigo que ele escreveu depois, narrando o evento de três dias, foi bonito. Era um artigo sobre transformação de identidade e paz.

O palestrante enfim se dirigiu ao líder de Estudos Islâmicos:

— Você concorda que devemos receber o sacrifício de Jesus como o caminho para o reino? Que essa é a única esperança para o povo muçulmano no mundo? Concorda?

A sala estava em silêncio. Então, ele olhou para o palestrante e disse:

— Eu quis acreditar nisso minha vida inteira. Eu só não sabia que podia. Sim, eu concordo.

Todos os homens aplaudiram em concordância.

Mais tarde, alguns dos homens vieram até mim e perguntaram quando poderíamos organizar outro retiro de três dias. Decidiram que três por ano seria o ideal. Também decidiram convidar o corpo docente de seis escolas islâmicas, para que os jovens pudessem ser expostos a essas novas formas de pensar e de conhecimento. Já recebi e-mails de muçulmanos da Arábia Saudita, do Egito e da Tunísia que ficaram sabendo desse evento e gostariam de participar.

Louvado seja Deus.

Se esse tipo de transformação pode acontecer com muçulmanos, imagine com você?

Liberte-se! Por favor!

Há ideias na sua mente, no seu coração e no seu espírito que ninguém nunca teve antes. E o mais bonito é que essas ideias querem ganhar vida. A parte triste é que, para a maioria de vocês, isso não vai acontecer, porque seu falso eu — seu medo, sua culpa, sua vergonha — vai destruir seu verdadeiro eu criativo e imaginativo.

Contudo, há boas notícias! Pode acontecer e pode começar hoje. Você também pode negar; existe essa liberdade. Mas espero que não negue. Espero que não ouse dizer não ao que está dentro de você.

O mundo precisa do que você tem. O mundo precisa do seu verdadeiro eu.

Não estou me referindo ao cristianismo, e sim sobre aquilo que você sabe — e que nós ainda não sabemos. Neste livro, vamos mergulhar nisso. Você vai ter um gostinho do que é permanecer. Quando isso acontecer, vai desejar fazer parte de uma comunidade onde possa fazê-lo com outras pessoas todas as semanas.

Faço parte de um pequeno grupo, e não um grupo escolhido a dedo, mas um grupo aleatório de pessoas da igreja que eu e minha esposa frequentamos. O grupo compreende quatro casais e três pessoas solteiras. Nosso foco é ouvir a Deus e viver na verdadeira identidade.

De nossos encontros semanais, quatro iniciativas surgiram. Uma das mulheres do grupo deu início a um programa de acolhimento de refugiados que se tornou um dos melhores do país. Convidei essa jovem de vinte e oito anos para se juntar a mim em uma conferência em Detroit, que tem um dos maiores centros de refugiados dos Estados Unidos. Ela falou sobre sua estratégia, e na plateia havia pessoas representando o presidente Obama, que exercia seu mandato à época. Os "especialistas" a observaram e perguntaram:

— Onde você esteve? Como você conseguiu fazer isso?

Eles queriam saber como ela tinha adquirido essa experiência no acolhimento a refugiados e pediram que ela palestrasse na principal conferência de Houston.

Tudo isso surgiu a partir do entendimento de sua verdadeira identidade.

Eu quis saber quando essa ideia veio à mente dela.

— Cuidar dos outros é um padrão que tenho desde os cinco anos — ela me contou.

Cinco anos. Sabe quando ela decidiu agir com base nessa ideia? Aos vinte e sete. A ideia ficou guardada dentro dela por todo esse tempo. Ela não poderia acessá-la se não fosse por Deus. Estava ali, esperando para ser descoberta.

Um dos participantes do grupo compartilhou uma ideia sobre abrir uma academia para comunidades marginalizadas na nossa cidade. É uma ideia brilhante.

— Como você teve essa ideia? — perguntei.

— Eu meio que só sabia que precisava fazer isso — ele respondeu.

— Há quanto tempo você sabe?

— Dez anos.

Dez anos. A ideia esteve soterrada dentro dele em medo, culpa e vergonha, debaixo de um profundo senso de não merecimento e inadequação. A ideia não poderia ser concretizada porque ele não conhecia sua identidade. Ele não sabia o que fazer para dar vida à ideia. Entretanto, a narrativa bíblica gira em torno de fazer surgir a criatividade a partir do seu verdadeiro eu, da sua verdadeira identidade.

Deixe-me compartilhar meu processo criativo dentro da minha verdadeira identidade e como me preparo para um evento.

Quando um evento está programado, dedico muito tempo ao Senhor. Uma vez que pessoas são indivíduos únicos, qualquer tipo de palestra formulaica e enlatada é perda de tempo. Eu me recuso a compartilhar apresentações formulaicas com as pessoas. Se pagasse para ir a um evento e assistisse a uma apresentação enlatada, eu me levantaria e iria embora.

Quando estou me preparando, pergunto ao Senhor: "O que o Senhor quer fazer a este grupo? Há pessoas neste grupo às quais o Senhor quer falar?"

Chego ao local do evento, encontro os organizadores e voluntários e oramos juntos. Então, volto ao hotel e me exercito. Esse é o meu processo para alinhar minha mente ao Espírito.

Enquanto me exercito, peço ao Senhor que me ajude a me concentrar nele e no que ele tem a dizer a mim a respeito desse evento — por exemplo, o evento de Salt Lake City. "O que o Senhor quer que eu saiba e o que quer que eu faça em relação às pessoas que estarão lá? Existe alguma parte em mim que não está pronta para ouvir sua voz e agir a partir da minha verdadeira identidade encontrada no Senhor?"

Para esse evento específico, enquanto eu me exercitava, pensava no livro de Hebreus. O livro de Hebreus fala sobre descanso, sobre um tipo diferente de descanso. Há o descanso espiritual, o geográfico e o doméstico, mas o livro de Hebreus fala de descanso em relação à forma física.

Tenho um parceiro de treino que diz:

— Existe um ciclo de doença, saúde e condicionamento físico. — Se você estiver familiarizado com o CrossFit, deve saber disso. — Primeiro vem a doença, depois o bem-estar e depois o condicionamento físico. Quando uma pessoa saudável se sente mal, ela fica doente. Quando uma pessoa em forma se sente mal, ela se recupera.

Queremos ter um bom condicionamento mental, físico e espiritual.

Não queremos estar bem; queremos ter um bom condicionamento.

Mente, corpo e espírito são uma única coisa, assim como o Pai, o Filho e o Espírito Santo. Sua mente, seu corpo e seu espírito dependem um do outro. Se uma parte não estiver bem, todas terão dificuldades. É fato.

Após uma hora de exercícios, volto ao meu quarto e leio, leio e leio. Qualquer coisa que venha à minha mente, eu leio.

"O que estou lendo, Senhor?", pergunto, escrevendo notas para mim mesmo. "O que isso tem a ver com aquelas pessoas?" Contudo, eu sei que Deus fará tudo fazer sentido. Esse processo pode parecer estranho, mas eu amo como Deus opera em mim.

Nessa jornada, você vai aprender como Deus fala com você e vai amar passar por esse processo.

Leio uma variedade de coisas diferentes e é isso. Estou pronto. Ajusto meu alarme, fecho os olhos e caio no sono.

À 1h50 da madrugada, eu desperto.

"Ah! Entendi. Agora eu sei por que estava lendo aquilo."

Alguns dos meus amigos que já trabalharam comigo, especialmente os que são engenheiros, já me disseram que, quando estão enfrentando um problema específico, seguram uma caneta e tentam se transportar para um local onde estão muito relaxados, mas não adormecidos. Se adormecerem, a caneta que estão segurando cai e os acorda. Eles buscam esse local entre o estado acordado e o adormecido, em que sua mente racional pode se expandir. Nesse estado mental, eles conseguem parar de pensar em todas as razões pelas quais um problema específico *não* pode ser solucionado.

É assim que pensamos: temos um sonho e, então, acordamos. No entanto, uma vez acordados, nos desfazemos do sonho ou da ideia, frequentemente focando o fato de que o sonho nunca será realidade.

Esses engenheiros tentam acessar o local conceitual onde o *não pode acontecer* não alcança a mente. Nesse estado mental conceitual e intuitivo, eles são capazes de encarar um problema específico de formas inovadoras e procurar soluções diferentes às do pensamento racional restritivo.

Esse estado intuitivo também é conhecido como oração ou meditação. Podemos percebê-lo na Bíblia em todas as passagens relacionadas à oração e à meditação. Não é mágica. Sua mente/cérebro é designada para transcender o racional. É isso que ela faz; é isso que ela deseja fazer.

O objetivo do inimigo é limitar e estreitar nosso pensamento, de forma que não consigamos ver nada novo e continuemos a dizer a nós mesmos por que as coisas não podem ou não vão funcionar. Temos um inimigo que nos diz todos os dias: *É por isso que não vai funcionar*. Muitas outras pessoas nos dirão o mesmo.

Quando oramos, Deus nos diz que as coisas vão funcionar, e precisamos ser capazes de ouvi-lo mais alto que todas as vozes que nos dizem que não. A oração é esse lugar acima e fora de nós mesmos onde nada é impossível.

Fico acordado da 1h50 até, talvez, às três horas, em um fluxo de pensamentos que correm pela minha mente: fale dessa forma, compartilhe essas ideias com eles, use esses exemplos.

Tudo isso para as pessoas que estarão nesse evento específico em Salt Lake City.

Quando o nosso tempo juntos tiver acabado, essas ideias e esses processos na minha mente terão ido embora. Não os escrevo porque não quero fazer outra apresentação igual a essa. Essa é a teoria da linguagem generativa. É assim que Jesus fala conosco todo o tempo.

Deus nunca se dirige a você em uma fórmula e nunca o fará. Sabe por quê? Porque Ele respeita e ama você demais para falar dessa forma. Ele é criativo em sua fala. Ele é misterioso.

Três grandes mistérios

Se você estiver entediado, saiba que é porque não está pensando. Você entende isso, não entende? Eu tenho três filhos. Sempre que um deles diz "estou entediado", eu digo: "tome esta vassoura. Ela serve para quem está entediado, e tem muita coisa precisando ser varrida. Você vai descobrir que, enquanto estiver varrendo, há um monte de coisas sobre as quais pensar."

Não fique sentado fazendo nada. Isso não faz sua mente transcender; pelo contrário, a faz atrofiar. Isso o torna menos saudável. Pegue a vassoura e comece a varrer. Quando fizer isso, sua mente vai relaxar, e as partes intuitivas dela — as partes que sonham, as partes criativas — vão começar a despertar.

Em nossa vida, há três grandes mistérios para explorar todos os dias:

1. *O mistério de Deus e seu universo*. Todos os dias podemos explorar o mistério do universo. Todo ser humano ama olhar para o céu. Foi olhando para o céu que pessoas descobriram o movimento planetário e a força gravitacional; foi assim que descobriram outros

planetas e como viajar até eles. Aqueles que dedicaram sua vida a entender esse mistério disseram: "Vamos descobrir, mesmo que morramos tentando." E, quando descobriam algo, entendiam que havia muito mais a ser descoberto.

A cada dia, tente entender mais do mistério de Deus e seu universo: "Deus, ensine-me algo sobre o Senhor e sobre o seu universo que eu precise saber." Você fará isso pela eternidade. Deus revelará aspectos de si mesmo que você nunca soube.

2. *O mistério em você*. Vai por mim: você não se conhece. Se conhecesse, estaria fazendo coisas incríveis. A forma como você se enxerga é pequena demais. A forma como encaramos o universo é pequena demais. A cada dia, tente entender mais do mistério em você: "Deus, ensine-me algo sobre mim mesmo que eu não saiba." Em Salmos 139, Davi diz, em muitas palavras: "Investiga minha vida, ó Deus, descobre tudo a meu respeito. Interroga-me, testa-me; assim, terás uma ideia clara de quem sou. Vê por ti mesmo se fiz alguma coisa errada e, então, guia-me na estrada que conduz à vida eterna." (vv. 23–24, MSG) O que o impede de viver dessa forma?

   Uma vez que o falso eu tiver ido embora, você estará livre para se tornar mais do que pode pedir ou imaginar.

3. *O mistério do outro*. Pense no mistério das outras pessoas do seu mundo: filhos, esposa, vizinhos. Tente desvendá-los. Depois de trinta e seis anos, ainda estou trabalhando no mistério da minha esposa. Nós nos conhecemos desde que ela tinha dezenove anos, e

> ela ainda é um belo mistério para mim. Cada um dos meus filhos é um belo — e às vezes perturbador — mistério para mim. Amo a jornada ao lado deles, ao lado dos muçulmanos, dos meus vizinhos e de muitos outros. A cada dia, tente entender mais do mistério do outro: "Deus, ensine-me algo sobre o outro que eu ainda não saiba."

Este é o problema da maioria das pessoas: no falso eu, não nos importamos com o universo dos outros, o que significa que não nos importamos conosco.

Peça ao Senhor todos os dias: "Ensine-me algo sobre outra pessoa que more na minha rua." Lembra-se do que eu disse sobre os muçulmanos no Oriente Médio? O que sabemos sobre outros grupos étnicos ou religiosos? Há sessenta e nove movimentos mundiais de muçulmanos se aproximando de Cristo. Um movimento é definido por ter mais de dois mil integrantes, ao menos mil batismos, ao longo de três gerações, cem novas igrejas, operando de forma totalmente voluntária.[1] Há membros do Estado Islâmico se convertendo para a fé em Jesus e abandonando sua vida de violência e abuso de substâncias. Cristãos estão sacrificando sua vida para alcançar e amar muçulmanos militantes em todo o mundo.

Na exploração desses três belos mistérios, Jesus diz que nossa motivação principal deve ser o amor absoluto. O amor nos permite receber sem medo. O amor perfeito lança fora todo medo.

Tente amar a Deus com todo o seu coração, com toda a sua mente, com toda a sua alma e com toda a sua força; com seu corpo, com cada parte de você. É um grande desafio.

Se você se dedica a amar a Deus com a sua mente, ela se abre para além do racional, em direção à intuição. A mente intuitiva é o lugar onde oramos, sonhamos e esperamos que as coisas aconteçam como deveriam; coisas que ainda não foram enxergadas pela mente racional.

Se você se dedica a amar a Deus com o seu coração, você move o centro de inteligência emocional do seu ser. Tanto as emoções negativas quanto as positivas se tornam convites de Deus para a transformação.

Se você se dedica a amar a Deus com a sua alma, a vida se torna praticamente inimaginável, e o impossível se desloca para a esfera das possibilidades.

Se você se dedica a amar a Deus com o seu corpo, você muda fisicamente. Você ganha uma aparência diferente. Vai passar do estado de estar apenas saudável para estar em forma.

Envolva-se nos três mistérios todos os dias. O profeta Isaías nos fornece um quadro desse processo de envolvimento e transformação quando escreve sobre voltar os olhos a Deus, e depois a si mesmo, e então ao próximo.[2] Trata-se de um processo maravilhoso que nos move da falsidade para a verdade e para uma ação significativa em nossa verdadeira identidade.

Para que as coisas sejam desbloqueadas em você e no seu espírito, é preciso prestar atenção. Preste atenção em Deus. Preste atenção nas coisas deste mundo. Estamos tão distraídos que não prestamos atenção no que de fato está acontecendo.

Um médico e seu cachorro

No fim da década de 1970, quando eu já tinha me graduado na universidade, tive um professor, Nick Pappas, que era doutor em filosofia política.[3] Ele foi um dos melhores professores que eu já tive na vida. Era louco e conhecido por um livro sobre o Vietnã.

O dr. Pappas foi jogador de futebol americano pela Universidade da Virgínia Ocidental e foi convocado pelo Pittsburgh Steelers. No entanto, recusou a posição no Steelers para se alistar na Marinha e servir seu país no Vietnã como líder de pelotão. Ele se alistou porque cresceu sentado em uma barbearia ouvindo o pai, o avô e os tios falarem sobre as grandes guerras e sobre ser um defensor da liberdade.

No Vietnã, ele estava correndo pela floresta quando pisou em um campo minado, que explodiu o lado direito do seu corpo. Metade da orelha direita foi embora, e ele ficou manco. Um cara realmente grande, que ainda usava o corte de cabelo típico da Marinha, dr. Pappas muitas vezes ficava andando de um lado para o outro na frente da sala de aula com seu ritmo marcado pela limitação. Embora não pudesse mais ouvir com o ouvido direito, ele poderia ter reparado a orelha, mas gostava da aparência dela. Se alguém lhe fizesse uma pergunta do lado direito, ele se virava bruscamente e pedia que a pessoa repetisse a pergunta.

Não havia representantes nem recrutas militares autorizados a entrar no campus da universidade naqueles anos. Ser um veterano do Vietnã era considerado vergonhoso pelos ativistas da paz. Mas o dr. Pappas nunca deixou que ninguém lhe tirasse sua verdadeira identidade. Apesar de toda sua carga claramente militar e das histórias de heroísmo e horror no Sudeste Asiático, os estudantes o adoravam.

Ele amava ver os alunos se agitarem com a filosofia política. Era tão imprevisível (generativo) na sala de aula que os estudantes faziam fila para conseguir se inscrever em qualquer disciplina que ele ministrasse. Era preciso entrar em uma lista de espera para conseguir uma vaga, porque ele era um professor criativo e extraordinário. Era um gênio humilde e gigante que sabia prender a atenção dos alunos.

Um método que o dr. Pappas costumava usar era conversar com seu cachorro imaginário, Ranger. Os estudantes nunca sabiam quando ele começaria a gritar comandos para Ranger, de uma hora para a outra.

Certa vez, um universitário perguntou ao dr. Pappas se ele via mesmo o Ranger.

— Claro que vejo meu cachorro — ele respondeu, rindo.

— E por que eu não o vejo? — o estudante pressionou.

— Porque você não está prestando atenção em onde o Ranger realmente está na sala. E você não está prestando atenção porque ele não é seu cachorro. — O dr. Pappas pensou por um momento e então perguntou: — Você consegue ver Jesus nessa sala de aula?

— Claro que não — o estudante zombou.

— Isso porque não está prestando atenção em onde Jesus realmente está nesta sala. E não está prestando atenção porque Jesus não é o seu Senhor... ainda.

Certo dia, o dr. Pappas estava dando uma aula sobre a obra *Leviatã*, de Thomas Hobbes — um calhamaço de setecentas páginas e um dos textos filosóficos mais influentes do século

XVII. No meio da sua fala, um estudante o interrompeu para confrontar algum ponto que ele estava defendendo. A interrupção foi bastante rude e desrespeitosa. O aluno reclamou sobre o absurdo que era a visão de Hobbes a respeito da natureza humana e de Deus.

— Venha aqui, Ranger! — o dr. Pappas gritou.

O estudante ficou em silêncio. O dr. Pappas voltou sua atenção a ele:

— Quantas vezes você já leu *Leviatã*?

— Uma vez e meia.

— Você leu *Leviatã* uma vez e meia? — o dr. Pappas repetiu. — Ranger, junto.

— Sim — respondeu o estudante, confuso, mas bastante orgulhoso.

— Você deveria ter cuidado ao falar de forma tão autoritária sobre uma obra-prima testada pelo tempo sem ter lido e refletido sobre o texto pelo menos dez vezes. Eu li *Leviatã* vinte e cinco vezes. Ranger, sente-se. Eu li *Leviatã* vinte e cinco vezes e ainda tenho receio de mencioná-lo com a coragem que você tem com apenas uma leitura e meia. Quando tiver lido cinco vezes, venha falar comigo sobre *Leviatã*. Ranger, junto.

Então, ele voltou a andar de um lado para o outro pela sala.

— Ranger, fique! — O dr. Pappas prosseguiu. — Deixe-me dizer uma coisa. Se você quer ler algo que seja extremamente profundo, leia o Evangelho de João, capítulo 3, versículos 16 e 17.

Ele disse isso na frente de uma sala de aula lotada de alunos em uma universidade bastante liberal e antirreligião.

— Quantos de vocês lá leram João 3:16-17?

Poucas pessoas levantaram as mãos.

— Se alguém nesta sala conseguir explicar a maravilha de João 3:16-17, apenas desses dois versículos, se entender o que eles significam, por favor, explique para mim. Porque fico mais maravilhado por essas verdades que por *Leviatã*, mais que por qualquer outra obra que eu já tenha lido. Leiam João 3:16-17 dez vezes, reflitam sobre seu significado, e venham conversar comigo. Ranger, junto!

Tendo dito isso, deixou a sala. Isso é que é uma fala generativa, disruptiva e capaz de fisgar a atenção.

Muitos estudantes, inclusive eu, foram atraídos para Jesus por meio da maravilhosa identidade do dr. Pappas.

Você ficou maravilhado por João 3:16-17? Essa passagem abalou profundamente o mestre Nicodemos.

Vejamos João 3:16: "Porque Deus tanto amou o mundo que deu o seu Filho Unigênito, para que todo o que Nele crer não pereça, mas tenha a vida eterna." (NVI) Deus ama o mundo inteiro — todo mundo, cada um de nós. Ele ama tanto você que sua motivação para tudo o que Ele faz na sua vida e através dela é sempre uma única coisa: o amor. Deus não está bravo com você. Ele não quer que você sinta culpa. Ele não quer que você sinta vergonha. Ele não quer que você tenha medo.

Ele quer que você esteja com Ele, o Emanuel, Deus conosco. Ele ama tanto você que decidiu fazer isso acontecer. Ele tinha uma ideia eterna e a tornou realidade. Porque Deus amou tanto o mundo que deu; ninguém tirou dele, ninguém ganhou dele, Ele deu. Ele deu seu único Filho a quem quer que fosse, a qualquer um; muçulmano, budista, ateu, pessoas de qualquer crença — e este é o resultado desse complicado processo de receber o que Deus deu: você precisa acreditar.

É só isso. Acreditar. Receber.

O único perigo, no fim das contas, é você não acreditar.

Porque Deus amou o mundo de tal maneira que deu o seu único Filho para que todo aquele que Nele crê não morra. Você não morrerá, mas terá vida eterna, de agora em diante. A partir de agora, não quando você estiver morto. Faz sentido? Depois que estiver morto, você terá a eternidade... não. A vida eterna começa no momento que você crê. Como isso acontece? É o que vamos descobrir juntos.

Vamos dar uma olhada em João 3:17: "Pois Deus enviou o seu Filho ao mundo, não para condenar o mundo, mas para que este fosse salvo [resgatado] por meio Dele." (NVI) De onde tiramos a noção de que Deus é condenação? Por meio de seu Filho, Deus resgatou o mundo. Quando? Bem agora. Por quê? Para que você possa viver tudo o que Ele lhe fez para ser, em comunidade, começando hoje.

Como fazer isso?

Prestando atenção. Olhe no espelho e diga a verdade sobre o que está acontecendo ao seu redor, com você e dentro de você. Diga a verdade. Para aprender a entender como Deus está chamando sua atenção, diga a verdade.

Mil e um talibãs

Tenho um amigo que encontrei duas vezes. Chamo-o de amigo porque quero me tornar amigo dele.

Ele é um norte-americano que viveu entre os talibãs por anos, embora eu duvide que você já tenha ouvido falar dele ou lido seus livros. Tenho certeza de que você nunca viu anúncios sobre seus seminários porque não é isso que ele busca. O que ele busca é que o talibã encontre a fé. Esse cara é meio que um Lawrence da Arábia. Ele lidera um grupo de seguidores de Jesus no Talibã e batizou milhares de homens. Você já ouviu falar disso no noticiário?

Quando enfim tive a sorte de encontrar esse homem incrível de quem eu tinha ouvido falar durante anos, olhei para ele e pensei: *é você o cara?*

Ele não parecia ou agia como o Rambo, o William Wallace ou o Maximus Decimus Meridius. É um cavalheiro humilde e de fala mansa.

Perguntei a ele sobre seu sucesso no trabalho entre os talibãs, e ele respondeu que se concentrava em prestar atenção e estar consciente do amor de Deus e no cuidado das pessoas no Afeganistão.

Sem uma fórmula mágica ou apresentações habilidosas.

Quando você presta atenção em Deus, significa que está vivendo e falando a verdade. Isso leva, de maneira natural, a uma consciência mais profunda de Deus, de si mesmo e do outro — os três mistérios. Percebe como esses conceitos operam juntos?

Quando você está consciente, sabe o que está acontecendo ao seu redor. Quando você está consciente de Deus, Ele faz anunciações para você. Ele se comunica pessoalmente com você. Se você presta atenção no que está acontecendo, é capaz de ouvi-lo falar.

Preste atenção, esteja consciente, ouça as anunciações. Quando Deus começar a falar com você, você saberá como agir. Você saberá o que fazer, de forma única, em sua vida. Começará aos poucos, testando o que sente de Deus. Se resistir ao medo e às dúvidas, daqui a um mês, e depois daqui a um ano, você olhará para trás e dirá: "Esta vida é incrível!"

Atenção, consciência, anunciação, ação. É isso o que faremos.

Vamos começar prestando atenção em Deus por meio da oração em conjunto. Não tenha medo. Não fique nervoso. Eu vou conduzir, e juntos vamos pedir a Deus que nos torne atentos a Ele.

Você sairá deste livro pronto para algum tipo de ação. Não sei que ação será essa, mas você saberá no momento certo. Por ora, vamos começar praticando essa coisinha chamada "dizer a verdade". Nas Escrituras, dizer a verdade significa *confissão*.

Não fique nervoso com essa palavra que parece ter saído direto da igreja. A palavra *confissão* significa simplesmente dizer a verdade.

Confessar-se não é o mesmo que se desculpar

Fui policial por vários anos na década de 1980. Quando prendia alguém, eu lhe solicitava uma confissão. Eu não pedia que a pessoa se desculpasse. Somos ensinados a ver a confissão como sinônimo de dizer "Desculpe, desculpe, desculpe". Se um policial lhe estende caneta e papel e diz "Escreva a verdade sobre o que aconteceu" e você escreve "Desculpe, desculpe, desculpe", nada é resolvido.

Crescemos pensando que se confessar é apenas se desculpar com todos e com Deus por algo. Mas pedir desculpa não leva à transformação.

Confessar-se significa dizer a Deus a verdade sobre o que você de fato acredita a respeito dele, de você e do outro. É o maior dos atos, um sacramento. Deus ama confissões honestas. A confissão é o início de uma transformação genuína. Se você não contar sua verdade a Deus, como Ele pode iluminar a sua realidade com a verdade Dele?

Se eu disser a Deus "eu acho que o Senhor me abandona todos os dias, e tenho medo de aceitar um novo emprego porque tenho medo de que o Senhor não me ajude", Ele vai sempre trabalhar nisso. Sempre.

Ele vai responder com a verdade. Jesus diz: "Então, irão experimentar a verdade, e a verdade vai libertá-los." (MSG) A verdade sempre liberta. Esconder a verdade sempre escraviza. Se você não contar a verdade, estará amarrado à mentira, à decepção e à racionalização. Não se desculpe pela realidade percebida; conte a verdade a respeito dela. Isso é se confessar. Remorso não é arrependimento.

A confissão ativa o arrependimento. Arrepender-se é mudar a forma como você pensa, dar a volta e trilhar um novo caminho. Deus lhe diz a verdade sobre quem Ele realmente é, sobre quem você realmente é, e sobre quem seu vizinho realmente é. A verdade de Deus lhe impulsiona a crer de uma nova maneira, o que leva a pensar e agir de uma nova maneira. Isso é transformação.

Confissão, arrependimento, transformação.

Praticamos confissão e arrependimento o tempo todo. Sempre que me sinto intimidado por uma situação, digo "Deus, deixe-me dizer como estou me sentindo exatamente agora". Deus sempre sabe como estou me sentindo e no que acredito de verdade. Não finjo nada. Apenas digo "Senhor, estou me sentindo intimidado. É assim que me sinto". Isso é confissão. Repare que não estou dizendo "Senhor, peço desculpa por estar com medo; por favor, tire esse medo de mim". Deus não quer tirar o medo; Ele quer transformá-lo.

Reconhecer a verdade sobre o seu medo abre o caminho para o arrependimento e para a sua verdade (e o medo) ser transformada pela verdade de Deus. Então, você terá a autoridade sobre o medo, em vez de permitir que o medo controle você. O nome disso é liberdade.

Vários anos atrás, uma amiga minha me ligou para contar que seu marido, com quem era casada havia dez anos, de repente começou a ficar fora de casa até tarde da noite; ele passava o tempo bebendo em um bar. Ela perguntou a ele o porquê dessa mudança de comportamento abrupta e tão distante do caráter dele, ao que ele respondeu com um dar de ombros e silêncio.

Depois de muitas tentativas, o marido dela concordou em me encontrar. Em vez de questioná-lo quanto ao seu comportamento, pedi apenas que dissesse a verdade a Deus sobre o motivo pelo qual estava resistindo a voltar para casa depois do trabalho.

— Tenho medo de que minha esposa me deixe, então estou me preparando para a rejeição — ele confessou. — Quando eu era jovem, meu pai era operário na construção civil, e minha mãe era secretária escolar. Minha mãe deu duro nos estudos à noite e conseguiu um mestrado em educação. Uma semana depois de ter se formado, ela abandonou a família para buscar uma nova vida com pessoas mais "educadas". Meu medo é de que minha esposa, que está quase terminando a faculdade, me abandone porque eu só me formei no ensino médio e sou um operário, como meu pai.

O marido literalmente tremia de medo diante da perspectiva de perder a mulher que amava. Sua esposa não tinha intenção de deixá-lo, mas seu medo o estava levando a provocar a separação por conta própria. Seu medo também lhe impediu de compartilhar com sua esposa esse profundo sentimento de desmerecimento.

Foi só depois que confessou a Deus sua crença errada a respeito de si mesmo e de sua esposa que ele se tornou apto a ouvir Deus chamá-lo de "filho digno e honroso". Então, como um filho digno e honroso, ele tomou coragem para confessar seus medos à sua mulher, fazer um desvio e trilhar um novo rumo. Eles riram e choraram juntos, pois a verdade de Deus os uniu em uma intimidade e um entendimento mais profundos um do outro.

A uma confissão verdadeira, Deus sempre responde com graça e misericórdia. Ele pode sussurrar: "Lindo. Vamos trabalhar nisso. Ninguém tem autoridade sobre você. Ninguém jamais teve ou terá. Eu o coloquei nessa situação porque é isso que quero realizar em você. Essa pessoa precisa de você. Ela está ferida. Ela precisa de você." *Boom!* Arrependa-se — isto é, mude sua forma de pensar —, dê meia-volta e busque um novo caminho. Isso é confissão e arrependimento.

Quando você vive uma vida de confissão e arrependimento, todas as áreas da sua vida são transformadas: profissional, espiritual, física. Em todos os aspectos, você começa a ascender.

Enquanto eu ajudo você a fazer perguntas a Deus, prepare-se para escrever. Escreva ideias em seu celular, no papel, na sua mão... escreva tudo que lhe vier à mente. Você quer que as coisas falsas em que acredita venham à tona. Não viva uma vida em segredo. O segredo e a vergonha são marcas de Satanás em sua vida. Anotar pensamentos e impressões os tira da mente e os traz à luz.

É ainda mais libertador dizer essas coisas em que você acredita em voz alta para pessoas de confiança e que estejam nesse processo com você. Essa é uma ótima forma de conhecer melhor uns aos outros em um grupo pequeno — e bem melhor do que usar apresentações superficiais e formulaicas.

Confessar-se umas às outras é a melhor maneira de formar uma comunidade verdadeira, porque isso aproxima as pessoas. Elas nunca se esquecem umas das outras, porque estiveram juntas no medo. E superaram o medo e obtiveram a vitória. A confissão faz com que as comunidades funcionem bem juntas. Essa é a verdadeira realidade do relacionamento espiritual.

O motivo que me faz amar trabalhar com as pessoas com quem trabalho é o fato de nos confessarmos (ou seja, de dizermos a verdade) uns aos outros a todo o tempo. Se você for militar, policial ou estiver em qualquer contexto de equipe, sabe que quando as coisas ficam mais complicadas, todos dizem a verdade. Se você estiver com medo, diga "Eu estou surtando exatamente agora!". E, mesmo que você não diga, todos sabem.

Silenciar o lugar

Como policial, aprendi que, quando entro em uma situação muito tensa e silencio o que há de ruim, tudo se acalma. Chamo esse exercício de "silenciar o lugar". Isso até se tornou algo divertido quando eu estava treinando novatos. Eu lhes dizia: "Observem." Então, orava em voz alta e o lugar inteiro ficava em silêncio. Um recruta surpreso perguntava: "Onde você aprendeu isso? Não foi na academia de polícia."

Quando você escolheu este livro, tinha consigo todo tipo de crença errônea. Você não pode mudar isso, é do ser humano. Ansiedade, medo, culpa, vergonha — todo o lixo veio com você, e o inimigo está entranhado nele. O inimigo não tem autoridade sobre você, mas se você acha que ele tem, então ele tem. Isso é meio que o jogo dele. Ele lhe pede permissão para controlar sua vida, e você a concede ao concordar com suas enganações: "Eu não sou bom o suficiente", "Nada vai mudar", "Estou preso nessa situação", "Deus nunca vai me usar", "Estou sozinho nessa confusão", e por aí vai. O inimigo está acabando com a sua vida, e você começa a se tornar aquilo em que acredita.

Então vamos silenciar o lugar. Vamos silenciar as vozes negativas que atrapalham nossa vida. Fazer isso coloca o lugar e todo o resto de volta à sua devida ordem. À medida que você silencia o lugar, sua mente se abre. À medida que sua mente começar a ser desbloqueada, passe a escrever as ideias, os pensamentos ou as impressões que lhe vierem à cabeça.

Depois de orar, vou fazer algumas perguntas a Deus em seu nome e quero que você escreva a primeira coisa que lhe vier à mente.

Ore comigo.

Pai, obrigado por essa pessoa que me lê. Eu a abençoo em nome do Pai, do Filho e do Espírito Santo.

Pai, obrigado por seu amado filho ou filha. Viemos aqui, diante do Senhor, Deus, o Altíssimo Rei nos céus, em nome de Jesus.

Pai, obrigado por seu amado filho ou filha que foi tecido no ventre de sua mãe pelo Senhor, independentemente de suas crenças. Não importa a crença que nenhum de nós tenha; a realidade é que o Senhor nos teceu no ventre de nossa mãe. E, ao fazer isso, deu-nos uma identidade. Construiu uma identidade em nosso DNA, e seu objetivo para nós, sua alegria para nós, é que entendamos essa identidade e a vivamos, e que, ao vivê-la, nos tornemos um com o Senhor. Ao vivermos nossa identidade, nos tornamos imortais e eternamente felizes. É isso que acontece.

Esse é o objetivo. Esse foi o seu plano desde o início, mas nós o perdemos de vista. Nós o perdemos de foco. Então, Senhor, viemos aqui como uma família nesta comunidade, e isto é o que eu confesso em nome dela: confesso que Jesus Cristo se fez carne, que Ele é o Deus encarnado que veio à Terra. Por mais que compreendamos o que isso significa, é nisto que eu creio: Jesus Cristo veio em carne e andou sobre a Terra, e, quando o fez, veio para fazer duas coisas: destruir as obras do inimigo e fazer bem às pessoas.

É para isso que Jesus veio, para destruir as obras do inimigo e fazer bem às pessoas. Senhor, Ele ensinou essas coisas enquanto caminhava por aí e nos ensinou a conhecê-lo de um jeito novo, mais profundo, a fim de conhecermos a nós mesmos e aos outros. Então ele foi acusado, traído e assassinado, conforme era a vontade de Deus. Quando morreu, desceu às profundezas da própria morte, ao lugar do inimigo, e engoliu a morte em vida. Ele ressuscitou dos mortos pelo poder de Deus e, ao fazê-lo, destruiu o poder de Satanás. Mais que isso, a morte e a ressurreição de Jesus libertaram a humanidade das amarras do medo da morte.[4] *A morte não tem mais poder sobre aqueles que aceitaram Cristo.*

Jesus destruiu a morte e o poder do inimigo. Com a morte conquistada e o inimigo derrotado, Ele saiu da tumba porque não havia mais nada ali. Ele saiu vivo e andou pela Terra por quarenta dias. Nesses meio-tempo, ensinou a seu povo o mais importante: o que significa viver no reino de Deus, a partir de agora e por toda a eternidade. Quando terminou de ensinar, ascendeu ao Pai, onde se senta à direita do trono de Deus na glória. Não há nenhum outro nome entre os homens capaz de nos salvar, senão o nome de Jesus, diante do qual todo joelho se dobrará. Todo demônio, todo anjo, toda criatura, mesmo que haja muitas outras no universo que não conheçamos, todo joelho se dobrará.

Não há concorrência; não há competição; não há nada a temer; Cristo venceu! Todo joelho se dobrará. Todos se ajoelharão e confessarão que Jesus Cristo é o Senhor, para a glória de Deus. Amém.

Cremos que Jesus é um sumo sacerdote que foi tentado de todo modo, assim como cada pessoa que existe. Não há nada que eu possa dizer a Jesus que Ele não tenha experienciado. Ele foi desertado, traído, censurado; tudo que há de ruim Lhe aconteceu, e ainda assim Ele não perdeu sua identidade de Filho amado. Ele não ficou aquém da glória que Deus preparou para Ele, e seu nome é o nome acima de todos os outros.

Deus, por causa de Jesus, podemos entrar diretamente na sua presença, na presença do Deus vivo, agora mesmo.

Por causa de Cristo, nosso Salvador, o Senhor nos diz: "Aproximem-se com confiança do trono da graça em tempos de necessidade." Podemos entrar agora mesmo, especialmente se estivermos em necessidade. Especialmente se houver coisas na nossa vida das quais temos medo, ou das quais nos envergonhamos, ou pelas quais nos sentimos culpados. Agora, apenas entramos. Esse é o seu desejo, Deus. Isso é o que o Senhor quer para nós. Não viemos pelas nossas obras, mas pela graça por meio da fé, que é uma dádiva. Ninguém que lê estas palavras é melhor do que qualquer outra pessoa.

Aqui estamos, em sua presença, Senhor, e pedimos, Deus, que silencie o inimigo ao nosso redor, em nossa mente e em nossa vida. Estamos acostumados demais a ouvir o inimigo, o mundo e a nossa carne o tempo todo. Silencie as vozes, nós oramos em nome de Jesus. Dizemos: "Repreendido seja pelo Senhor, Satanás, em nome de Jesus. Você perdeu; você está acabado; você já era. Ajoelhamo-nos perante a soberania de Jesus Cristo. Não nos curvamos a nenhum outro. Repreendido seja pelo Senhor, Satanás, em nome de Jesus, a quem obedecemos."

Senhor, preencha cada um de nós com a plenitude do seu Espírito. Deus, santifique nossa mente e nossa imaginação à medida que pensamos no Senhor agora. O Senhor nos deu a habilidade de sonhar e imaginar. O que significa caminhar até o seu trono neste momento? É algo real que está acontecendo agora.

O que significa estar na sala do trono de Deus? Estamos acima de toda a criação com Cristo.

Aqui estamos em sua presença, e ninguém fala além do Senhor. Ninguém se pronuncia além do Senhor.

Encha-nos com a plenitude do seu Espírito. Silencie nossa voz, de modo que nossa mente esteja ligada à sua, que nosso espírito esteja ligado ao seu, e permita-nos começar a ouvi-lo de uma nova e profunda forma que nunca ouvimos, ou como se fosse a primeira vez.

Senhor, esta é a primeira pergunta que queremos lhe fazer: ***Deus, o que de mais importante o Senhor quer me dizer agora?***

Em nome de Jesus, amém.

Escreva a primeira coisa que sentir. Escreva logo. Não espere. *Deus, o que de mais importante o Senhor quer que eu saiba agora?* Não analise nem questione; apenas escreva. *Verdadeiro Senhor Jesus, o que de mais importante o Senhor quer que eu saiba agora?* Não tente descobrir se o pensamento vem de você ou de Deus. Apenas escreva o que estiver em sua mente ou em seu coração.

Senhor, o que de mais importante o Senhor quer que eu saiba agora? Dedique algum tempo a ouvir e escreva suas primeiras impressões — podem ser pensamentos, imagens ou sensações.

Você pode não entender o que escreveu, não tem problema. Muitas vezes, quando Jesus falava, as pessoas não entendiam o que Ele queria dizer. Por enquanto, pratique dizer em voz alta o que você ouve ou vê em sua mente ou o que sente em seu coração. Vá em frente, tente.

Talvez você tenha ouvido ou sentido Deus dizer: "Viva o meu presente para você. Viva o dom espiritual que lhe dei." Quando Deus lhe diz algo, quando você ouve uma bela afirmação como essa, você precisa se questionar: por que Ele está dizendo isso? Por que Deus está dizendo "Eu quero que você viva o seu dom espiritual"? É porque, por qualquer que seja o motivo, você não está vivendo seu dom espiritual.

Talvez você ouça o Senhor chamá-lo de "amado". Maravilha! Sabe por que Ele o chamou assim? Porque você não acredita de verdade que Ele o ama. É por isso que Ele fala com você.

As pessoas deixam escapar o significado do que Deus lhes diz. Não prestamos atenção ao que Ele diz. Se Ele fala "Viva seu dom espiritual", uma boa resposta seria "O que está me impedindo de viver meu dom espiritual? O que o Senhor quer que eu saiba a respeito disso?".

Essa troca produz uma confissão sincera.

O Senhor ama você. Ele normalmente vai começar a se comunicar com você por meio de uma afirmação e de um desafio — da mesma forma que Jesus se comunicava com as pessoas nos evangelhos. É isso que você deve ser e isso que deve fazer.

Talvez você tenha ouvido: "Me ame e confie em mim." Ótimo. Ame a Deus e confie Nele. Por que Ele diria isso a você? O que Ele quer que você saiba?

Ou ouviu "Você é bom o bastante"? Por quê? Talvez seja porque não se ache bom o bastante? Não é belo que Deus afirme que sempre aprovou você? Não se trata dos seus feitos nem de uma comparação ou competição. Deus fez você suficiente, e é assim que ele sempre o enxergou.

Talvez Deus tenha dito: "Eu te amo mais do que você jamais saberá." Lindo.

Eu me pergunto se você sentiu ou ouviu Deus dizer: "Compartilhe sua fé. Tenho uma identidade para você." Às vezes Deus nos dá passos a seguir.

A próxima pergunta é: "Deus, em que área da minha vida eu sinto que não sou amado pelo Senhor? Em que área da minha vida eu não estou confiando no Senhor? Em que área da minha vida eu acho que não sou bom o bastante para o Senhor? Em que área da minha vida estou ouvindo a voz errada?" À medida que você sentir a resposta, prossiga com "Deus, o que (mais) o Senhor quer que eu saiba?". Deus nos desafia com afirmações.

Jesus está sempre nos incentivando: "Siga-me. Venha comigo. Ouça-me." E em geral respondemos com: "Bem, tenho todas essas coisas que não consigo carregar." E Ele diz: "Eu sei. Jogue-as fora. Você nunca deveria tê-las carregado."

Agora que começamos a escutar, sabemos que Deus nos ama mesmo. Deus não está bravo nem decepcionado conosco. Ele morreu por nós enquanto éramos seus inimigos.[5]

Vamos continuar ouvindo. Vou perguntar ao Senhor sobre obstáculos.

Pai, obrigado por essa pessoa que me lê. Eu a abençoo em nome do Pai, do Filho e do Espírito Santo.

Pai, obrigado por falar conosco.

Obrigado, Senhor, por suas palavras para nós, por seu amor por nós. Senhor, obrigado por suas afirmações. Obrigado por sua Palavra ser verdade, por Deus ser amor e por nos amar com amor incondicional. Senhor Jesus, poderia continuar a falar conosco? Guarde nossa mente em seu Espírito. Proteja-nos do inimigo.

Pai, esta é a segunda coisa que queremos perguntar: ***o Senhor poderia dizer ou revelar uma área na minha vida na qual eu não esteja vivendo na verdade?***

Escreva o que você estiver sentindo. Não diga ao Senhor; permita que Ele diga a você. Pode ser diferente do que você está pensando. Não tenha medo. Apenas escreva.

Senhor, em que área da minha vida eu não estou vivendo na verdade? Sonde-me e conheça-me, Senhor. Ajude-me a me entender, Senhor, e mostre-me uma área da minha vida onde eu não esteja caminhando na verdade e vivendo na verdade. Quero ser o mais honesto possível.

Fazer essas perguntas requer muita coragem. Ouvir o Senhor não precisa ser um processo longo e exaustivo. O Senhor é rápido em responder quando somos honestos e sinceros diante Dele.

Não buscamos o superficial; não precisamos de uma longa explicação. Queremos autenticidade. Estamos simplesmente nos perguntando qual é a área da nossa vida na qual não estamos vivendo ou lidando com a verdade. Não estamos em uma sessão de aconselhamento; estamos em uma sessão de revelação da verdade. É apenas isso que vamos fazer. Vamos apenas aliviar o nosso peso com essa confissão.

Escreva isso e então diga em voz alta.

A Bíblia diz que devemos confessar nossos pecados uns aos outros *a fim de que* possamos ser curados.[6] O bem-estar está conectado à confissão dos nossos pecados uns aos outros. A palavra usada para *pecado* nesse verso em alguns dos textos gregos antigos é *paraptōma*, que significa "um desvio do que é verdade". Confessar não é contar todas as suas falhas morais a alguém. Não ajuda muito. Quando confessamos, dizemos a verdade sobre onde nos desviamos ou nos afastamos do que é verdadeiro em relação a Deus, a nós mesmos e aos outros. Falhas morais são o resultado desse desvio.

É diferente de como a maioria de nós foi ensinada pela "religião". A maioria de nós aprendeu que nosso problema é fazer coisas erradas. Contudo, esse não é de fato o problema. Essa crença falsa ou errônea nos leva a nos separar ou desviar de Deus, de nós mesmos, do outro. O resultado dessa separação, desse pecado, é o agir errado.

Nossa tendência é focar as ações erradas, e, com isso, deixamos de perceber a verdadeira origem, que é a crença equivocada.

Vamos explorar o que outras pessoas compartilharam ter sentido do Senhor quando perguntaram em que área da vida não estavam vivendo na verdade. Aqui estão algumas declarações que ouvi de participantes dos meus seminários.

"Eu não estou falando de Deus para as outras pessoas."

Essa é uma declaração de ação, e não de identidade, e não parece vir verdadeiramente de Deus. A religião diz que você é um mau cristão porque não fala de Deus da forma que deveria ou na frequência devida.

Minha pergunta seria: com que frequência e em que intensidade você deveria falar de Deus para as pessoas? Qual é o padrão? Quem estabelece esse padrão? Pergunte a Deus o que *Ele* quer que você saiba a respeito disso!

"Preciso de uma vida de oração mais intensa."

Outra declaração de ação: preciso orar mais. Ou, de outro modo, não estou orando o suficiente. De novo, quanto você deveria orar? Sem cessar? Com que frequência?

Lembre-se do pedido que acabamos de fazer: *o Senhor poderia me mostrar em que área da minha vida eu não estou vivendo na verdade?*

A pergunta tem a ver com caminhar e viver na verdade, e não com fazer coisas para Deus. Temos tendência a nos concentrar em tarefas a serem feitas, não é?

"Não estou experienciando Deus no local de trabalho."

Uau, outra declaração de ação! É por isso que às vezes ficamos presos nesses pensamentos e nunca conseguimos escapar deles. Não estamos prestando atenção ao que Deus está dizendo e, consequentemente, não temos consciência de como buscar a Deus pela cura e reconciliação.

Imagine chegar perto de Jesus e dizer: "Senhor, mostre-me uma área em minha vida na qual eu não esteja vivendo na verdade."

Jesus sorri de volta para você e diz: "Você acredita na mentira de que não está experienciando Deus no local de trabalho porque não está orando o suficiente nem falando de Deus o suficiente para as outras pessoas."

Continuando a conversa, você pode perguntar a Jesus: "O que está me impedindo de experienciar Deus em um nível mais profundo e pessoal?"

Esta é uma pergunta-chave: como você se sente com o fato de que não está experienciando Deus no local de trabalho da maneira que deveria? O que isso faz você sentir a respeito de si mesmo?

"Vergonha."

O obstáculo para a presença de Deus em qualquer área da vida é a vergonha. A vergonha (sentir-se indigno, sentir que não é bom o suficiente) precisa ser confessada. Sabe por quê? Porque a vergonha é uma identidade falsa. Tudo, como "vejo pornografia", "como demais", "bebo demais", "não faço isso", "preciso fazer aquilo" e assim por diante, resulta em uma destas três coisas: medo, culpa ou vergonha.

Medo, culpa e vergonha são falsas identidades. Não importa quantos grupos de apoio você frequente, quantos podcasts escute ou quantos livros leia. Se você vive no medo, vai continuar tentando controlar as coisas para conseguir enfrentar sua ansiedade. Sua identidade é o medo.

Se sua identidade for fundamentada em culpa, você vai ter que lidar com um senso negativo de autovalor e autoestima. A culpa leva a uma identidade de indignidade.

Se sua identidade é de indignidade, você agirá como uma pessoa indigna. Independentemente de onde ou com quem você esteja, continuará agindo para provar sua dignidade e seu valor. Você vai organizar todas as cadeiras, ou será o primeiro a chegar à igreja toda semana. Por quê? Porque você está transbordando em alegria? Não; você está tentando provar que é digno.

Somente Deus torna você digno. Somente Deus retira a vergonha e a substitui por valor. Na cruz, Jesus cancelou toda a culpa e a vergonha que resulta dela. Seus feitos não podem alcançar isso. Receba a dádiva de Deus.

Quanto mais você sucumbe à tentação do inimigo para provar seu valor, mais você se engana. Você se torna prisioneiro das amarras ao medo, à culpa e à vergonha.

Na prática dessa confissão, o que estamos confessando?

Deus pode me dizer: "Jamie, o que o está ferindo é a maneira como você fala com sua esposa."

Isso significa que Deus quer que eu vá a um seminário e aprenda a falar com minha esposa? Talvez. Mas qual é a real causa do problema?

Pergunto a Deus: "O que o Senhor quer que eu saiba a respeito da maneira como falo com minha esposa?"

"Você fala com sua esposa como um homem que tem vergonha de seu passado. Uma pessoa envergonhada de seu passado fica na defensiva; seus sentimentos são facilmente magoados, e essa pessoa responde a partir de suas feridas."

Você entende o papel que a vergonha desempenha na sua vida?

No jardim do Éden, Adão e Eva se separaram de Deus e da verdade dele a respeito de sua identidade e de seu destino. Eles começaram a decidir por si mesmos o que era bom e o que era ruim; o que era certo e o que era errado. Transferiram sua confiança da fonte de vida verdadeira, Deus, para o próprio conhecimento do bem e do mal. Eles tentaram descobrir como poderiam ser bons. Deus deixou de ser sua fonte da verdade. Em vez disso, eles se tornaram a própria fonte de verdade, apartada do seu Criador. A ironia nisso tudo é que eles já eram bons, pois haviam sido criados à semelhança e imagem de Deus.

Esta é a vida com Deus: "Vá e descubra o mistério do universo, de si mesmo e do outro. Vá, desfrute da criação! Divirta-se; tudo foi feito para você. Eu estarei com você. Só fique longe daquela árvore; ela matará você."

Penso que Eva comeu da árvore do conhecimento do bem e do mal porque temia não ser suficiente.[7] Ela foi induzida pela serpente a acreditar que Deus estava ocultando o que ela precisava para ser suficiente. Você já se sentiu tentado a pensar que, se separasse de Deus e corresse atrás das coisas, poderia se sentir bem consigo mesmo? Você já tem dentro de si tudo o que jamais precisará. Eva se deixou levar pela dúvida e se desconectou de sua fonte de vida, permitindo que o medo se infiltrasse. A dúvida causa o medo. Ela tinha uma escolha entre ouvir a voz afirmativa de Deus ou ceder à dúvida de que precisava de algo que Deus não poderia lhe oferecer. Ela comeu o fruto e trocou a vida em abundância por uma vida corrompida: *Isso era o certo ou o errado a se fazer? Eu disse a coisa certa ou a coisa errada? Isso faz eu me sentir mal; como posso voltar a me sentir bem?*

O conhecimento do bem e do mal sempre leva a uma forma de morte. Sempre.

Em grupos de apoio, normalmente nos perguntam: "Você já viu pornografia?" Ou mentimos que não e sentimos culpa, ou contamos a verdade que sim e sentimos culpa. No fim, dizem "Obrigado pela presença, nós nos vemos na próxima semana". O que é isso? É o grupo de apoio de Satanás.

Assim seria o grupo de apoio de Deus: "Como você tem tempo para ver pornografia se está vivendo sua verdadeira identidade? Sabe por que está vendo pornografia? Porque se sente indigno. Você não conhece sua verdadeira identidade, então perdeu a noção do que tem significado na vida. Sabe o que a sua identidade se tornou? Vergonha. Medo. Culpa. Mas essas são falsas identidades que só *parecem* verdadeiras."

Nos momentos de confissão, Deus nos impele a esse entendimento de que não estamos vivendo conforme nossa verdadeira identidade.

Precisamos nos perguntar: quando esse senso de indignidade (ou de medo, de vergonha etc.) começou?

O Espírito guia você até a fonte do seu senso de indignidade. Deus redime e reconcilia seus sistemas de crenças e, quando esses sistemas estiverem alinhados ao amor dele, a dúvida e o medo serão transformados em segurança e fé. Então sua mente começará a se concentrar em sua verdadeira identidade e em quem você sempre foi feito para ser, e isso fundamentará o que você deve fazer. A essa altura, mesmo as tarefas mais mundanas preencherão você de alegria, e você não terá tempo nem buscará mais a distração e os mecanismos de defesas destrutivos — porque eles simplesmente não valerão mais a pena. Você não precisará gritar "Ajude-me a não agir assim!".

É como se houvesse uma pilha de lixo em sua alma para a qual os ratos são atraídos. Tentamos espantá-los, mas eles continuam voltando. Eles nunca se cansam. E as coisas que gostaríamos de fazer, não fazemos; e as coisas que não gostaríamos de fazer, nós fazemos. Os ratos continuam chegando, e nós continuamos os espantando. Vamos a seminários, ouvimos podcasts e memorizamos versículos bíblicos, mas o que estamos fazendo ainda é espantar os ratos.

Jesus está dizendo: "Deixe-me cuidar dessa pilha de lixo. Eu resolvo isso." A pilha de lixo é um sistema de crenças enraizado em medo, culpa e vergonha. Isso é tudo o que sempre foi e tudo o que sempre será.

Quando você viver em sua verdadeira identidade, nada poderá impedi-lo de descobrir a vida plena que Deus lhe destinou. Vamos dar uma olhada em como é possível se livrar da pilha de lixo de forma que os ratos deixarão de existir.

PARTE 2:

CONSCIÊNCIA

Permita-nos não olhar para trás com raiva
nem para a frente com medo, mas ao redor, com consciência.
JAMES THUNDER

[...] a fim de que Satanás não tivesse vantagem sobre nós;
pois não ignoramos as suas intenções.
2CORÍNTIOS 2:11 (NVI)

Minhas três faces: a real, a verdadeira e a falsa

Quando praticamos dizer a verdade, tudo em nossa vida muda; e, quando começamos a dizer a verdade a Deus, nosso relacionamento com ele se torna mais vivo. Podemos prestar atenção nele porque Deus só fala conosco em verdade. Isso quer dizer que, se não tivermos a intenção de falar em verdade, Ele não falará. Ou, posto de outra forma, Ele fala, mas nós não somos capazes de ouvi-lo. Essas são as regras básicas.

Se eu quero saber como prestar atenção ao que Deus está fazendo, como ter consciência da presença Dele em minha vida, tenho que falar e viver na verdade. Isso não significa que eu sou perfeito. Viver na verdade não significa que não tenho falhas; significa simplesmente que estou no processo de transformação.

Há três formas de enxergar o mistério do eu: o eu real, o verdadeiro e o falso. O eu real não tem medo de dizer a verdade conforme eu a vejo. O eu real é realista a respeito de quem sou eu: sou realmente infeliz, estou realmente apreensivo, sou realmente medroso, estou realmente preocupado. Eu digo o que acredito em meu coração. Não falo do que sei em minha cabeça. Pessoas religiosas falam a partir do que está na cabeça, e não no coração: eu deveria ser feliz, mas não sou; eu deveria nunca temer, mas estou com medo.

Na ciência, essa conexão coração-cabeça é chamada de "neurocardiologia". É fascinante que o coração seja o coletor de informações e que o cérebro seja apenas o organizador e processador. O coração coleta informações o tempo todo.[1] É por isso que devemos amar a Deus com todo o nosso coração, com toda a nossa mente, com toda a nossa alma e com toda a nossa força. O coração é o receptor das informações.

O inimigo não quer que você viva conforme o coração. Ele quer que você viva conforme a mente racional, porque ela é limitada. A mente racional pode criar uma revolução industrial, mas não é capaz de compreender plenamente conceitos como amor, graça e perdão. Essas ideias são transracionais.

Você sabe dar as boas-vindas?

Certa vez, trabalhando em um país muçulmano, um colega de trabalho me ligou de um país vizinho que estava no meio de um conflito civil. Ele me disse que, na noite anterior, dois homens tinham começado a bater na porta de seu apartamento, exigindo que ele a abrisse. Ele disse:

— Quando olhei pelo olho mágico, vi que os homens estavam com as roupas da milícia extremista da região. Como eu era um trabalhador norte-americano recém-chegado à cidade, temi pela minha segurança e de minha família. Fingi que não estava em casa, e os homens acabaram indo embora, mas estou com medo de voltarem hoje à noite. O que devo fazer? Será que devo fugir da cidade?

Como seres humanos, podemos estar completamente errados sobre o que pensamos ou sobre as conclusões às quais chegamos em situações nas quais temos certeza de que os fatos falam por si mesmos. Esse erro ocorre com mais frequência quando separamos nosso coração do nosso cérebro e deixamos o cérebro agir no modo automático. No modo automático, o cérebro processa tudo que vê no presente com base no que já viu e conhece do passado.

Esse era o caso do meu colega. Ele era um profissional experiente em Oriente Médio, mas o acontecimento repentino e o medo resultante comprometeram sua habilidade de estar atento e consciente naquele novo cenário presente. Ele entrou em um estado reflexivo de luta ou fuga, ou paralisia.

Enquanto conversávamos, ele conseguiu silenciar as vozes ameaçadoras do inimigo e concentrar seu coração e sua mente em perguntar a Deus o que Ele queria que ele soubesse e fizesse naquela situação. Em vez de lutar, fugir ou paralisar, o Espírito Santo o guiou por um plano de engajamento ativo.

Na noite seguinte, quando os homens retornaram e bateram à porta, meu amigo saiu de seu apartamento, fechou a porta atrás de si e caminhou rapidamente entre os dois homens até a rua. Os homens o seguiram, e, quando chegaram à rua, meu amigo perguntou: "O que posso fazer para ajudar vocês e as pessoas desta comunidade?"

Os homens o encararam por vários segundos, até que um deles falou: "Sabemos que você é novo na área, então viemos convidá-lo para jantar com nossas famílias."

Em vez de fugir da cidade com medo e perder a oportunidade de impactar o bairro por meio de Cristo, meu amigo foi capaz de voltar seu coração a Deus e experimentar o coração do Pai por aqueles homens muçulmanos.

O coração revê todas as coisas o tempo todo. No entanto, o cérebro diz: "Não, já vimos isso antes. Nós nos machucamos. Não vamos fazer isso de novo." Em retorno, Deus diz: "Ei, tem algo que quero fazer em sua vida; vai ser incrível." A resposta típica da nossa mente racional é "Não, é arriscado demais". Pense em Moisés quando Deus lhe chamou para liderar os israelitas. Sua resposta foi: "Encontre outra pessoa que fale melhor." Ou em Gideão, a quem Deus chamou de "grande homem de valor". A resposta dele? "Hum, não, eu sou o menor da minha família."

Contudo, Deus, com seu amor e paciência, nos impele para a frente. Podemos sentir em nosso coração quando pensamos: "Vamos fazer algo novo!" Então sonhamos, temos uma ideia e pensamos: "Eu sou capaz de fazer isso!"

Então pensamos: *Não, não.* Por quê? *Porque não sou digno. Estou cheio de vergonha. Estou com medo. Então não posso fazer.*

Esse tipo de pensamento nos fere. Se pudéssemos viver e nos guiar conforme nosso coração, poderíamos experimentar uma vida muito diferente.

Uma vez que o coração e a mente estiverem em equilíbrio, e a mente estiver servindo ao coração, seremos capazes de viver com uma mente sem conflitos. Você consegue imaginar viver com uma mente sem conflitos, em que seu coração e mente estão sempre em sintonia? Ainda melhor que isso: imagine que eles estejam em sintonia um com o outro *e* em sintonia com Deus! Imagine viver assim!

Não estou falando de um mundo religioso mágico. Estou falando da vida real, como uma manhã de segunda-feira. Eu sei quem sou e sei como alinhar meu coração e minha mente a Deus. Como resultado, posso fazer qualquer coisa a partir da minha verdadeira identidade.

O que há em um nome?

Ao longo das Escrituras, o conceito de identidade e de nome é muito importante para Deus. Pense no batismo de Jesus no início de seu ministério público. "Naquela ocasião Jesus veio de Nazaré da Galileia e foi batizado por João no Jordão. Assim que saiu da água, Jesus viu os céus se abrindo, e o Espírito descendo como pomba sobre Ele. Então veio dos céus uma voz: 'Tu és o meu Filho amado; em Ti me agrado.'" (MC 1:9–11, NVI)

Jesus já estava em Posse de sua verdadeira identidade, mas essa foi uma declaração pública feita por Deus a fim de que a comunidade soubesse e participasse dela. Do mesmo modo, nossa verdadeira identidade deve ser recebida de Deus dentro da comunidade.[2] A verdadeira identidade só pode ser conhecida falando-se a verdade. Falar a verdade nos transporta do que é *real* para o que é *verdadeiro*. Isso é importante porque o *real* para mim nem sempre é *verdadeiro*, mas o *verdadeiro* é sempre *real*.

Preciso estar disposto a reconhecer e confessar meu eu real para que possa entender meu eu verdadeiro. O eu real me diz a verdade em toda e qualquer situação.

Por exemplo, se você me perguntar se eu amo a Deus, minha resposta realista teria que ser "não sei". Eu quero amá-lo? Acho que sim. Mas, na realidade, não sei o que significa amar um ser invisível, sem forma e supremo.

Eu espero e anseio amar a Deus; de verdade. Esse é o meu eu real. Deus vê meu verdadeiro eu, aquele que Ele criou. É nesse rumo que estou caminhando. Estou caminhando do eu real, o "Deus tenha misericórdia de mim, um pecador", para meu eu verdadeiro, o "você é meu militante pela paz; vamos fazer isso juntos. Venha comigo, siga-me; dê-me o seu fardo e tome o meu. Vamos." Esse é o verdadeiro eu.

Infelizmente, a maioria de nós vive no falso eu, e o falso não chega nem mesmo a ser real.

Sinto-me indigno porque aceito a falsa identidade de que sou indigno. "Não sou digno" é uma declaração de identidade e, quando vivo minha vida de acordo com essa identidade, é doloroso. Esse é o falso eu.

Quando uma pessoa me diz "Sou viciado em pornografia", respondo: "Você não é isso. Você está descrevendo uma ação. Isso não é identidade. Qual é a sua identidade?" Uma pessoa viciada em pornografia tem uma identidade que lhe permite ser viciada em pornografia. Mas qual é essa identidade? Indigna.

Pessoas indignas se escondem em salas secretas, em lugares onde não podem ser rejeitadas. Pessoas cheias de vergonha desperdiçam horas sozinhas em solidão. Elas vivem nesses lugares sombrios e isolados porque acreditam que ninguém vai querer ficar com elas, e isso parece verdade. Não é real, e definitivamente não é verdade, mas interagimos com as pessoas como se sua falsa identidade fosse real e verdadeira.

Talvez meu vizinho seja hostil comigo, e, em retorno, eu seja hostil com ele. Ao fazer isso, constato e valido essa falsa identidade. Entretanto, por que meu vizinho me odeia? Talvez ele sinta medo, culpa e vergonha e os projete em mim. Então, eu me protejo e me promovo, porque a violência do meu vizinho me faz sentir impotente, indigno e assustado. Então, projeto tudo isso nele.

E assim surge o conflito. A guerra se inicia.

Guerra: para que ela serve?

Certa vez, eu estava com um funcionário de um serviço de inteligência em outro país que me disse que estava frustrado. Ele me perguntou:

— O que você diria para apaziguar a situação se o líder dessa organização terrorista entrasse nesta sala agora mesmo e se sentasse?

— Eu olharia para ele e perguntaria: "O que podemos fazer para abençoá-lo?" — respondi.

— Essa é a coisa mais estúpida que já ouvi na vida.

— E o que você diria?

— Eu diria que ele não conseguiria tirar nada de nós — concluiu o oficial de inteligência.

E qual é o resultado? A guerra. Não se pode escapar dela. Quando você disser que ele não vai conseguir tirar nada de você, qual será o objetivo da vida dele? Tirar de você tudo o que puder. Assassinato se torna uma opção lógica. O que mais você poderia fazer? Alguém tem que morrer, não tem? E, assim, você não consegue se livrar dessa situação.

Perguntei ao cara:

— Por quanto tempo você esteve na guerra?

— Todos os dias da minha vida.

— E por quanto tempo seu pai esteve na guerra?

— Todos os dias da vida dele.

— E por quanto tempo seu filho vai estar na guerra?

— Todos os dias da vida dele; isso não tem fim.

Enquanto você não deixar de viver em uma identidade falsa, nada mudará. O objetivo é passar do falso para o real e, então, para o verdadeiro.

A Bíblia é uma série de estudos de caso sobre identidade. Qualquer que seja o dilema em que você se encontre, procure na Bíblia estudos de caso de várias culturas e de épocas diferentes. Onde há uma situação como a sua? Logo ali, na Babilônia. Leia o estudo de caso e se pergunte: *Como é que esse cara estragou tudo? Ah, foi assim.*

Satanás não tem medo de que decoremos os versículos bíblicos. Ele mesmo cita versículos para nos enganar. Satanás também não tem medo da Bíblia em si. Dormimos com a Bíblia ou agitamos o livro diante dele e gritamos: "Vá embora, Satanás." Ele não tem medo disso.

O que Satanás teme é a verdade. Ele não tolera a verdade nem aqueles que falam a verdade. É assim que Jesus o derrota vez após vez. Jesus só fala verdades para o Enganador, e tudo que o Enganador consegue dizer de volta é enganação. O engano não pode existir onde a verdade resplandece.

Quando você fala a verdade, Satanás se afasta de você, pois você está se submetendo a Deus e, consequentemente, resistindo ao inimigo. De acordo com as Escrituras, esse processo obriga o inimigo a bater em retirada.[3]

A confissão é a primeira etapa do processo de falar a verdade.

O Rei e eu... e todo o restante de nós também

Vejamos a vida do rei Davi.

Davi provavelmente nasceu por volta de 1040 a.C., durante o décimo ano do reinado do rei Saul sobre Israel. Quando Davi nasceu, seu pai, Jessé, era muito velho.[4] Por volta dos quinze anos, Davi se encontrou com um leão e com um urso e matou ambos com uma funda. A que essa idade equivale hoje? Ao primeiro ano do ensino médio. Como um estudante nesse grau de escolaridade, Davi já era capaz de pastorear suas ovelhas e protegê-las dos leões e dos ursos com suas habilidades de batalha.

A partir desse exemplo, podemos pressupor o que o jovem Davi fazia naquela época. Ele estava aprendendo a pastorear ovelhas, a escrever poesia e a atirar pedras com uma funda. No ensino fundamental ou ainda antes, Davi já praticava as habilidades que o tornariam um dos maiores reis de Israel.

O que os nossos jovens em idade escolar fazem? Eles têm um senso interno de identidade que os impele para seu destino futuro? De onde e de quem nossos filhos e filhas estão adquirindo sua identidade?

Quando o jovem Davi foi ungido rei de Israel pelo profeta Samuel, ele se tornou músico de Saul[5] e um de seus escudeiros. É aí que começa toda a prática inusitada de poesia.

É isto que é incrível nessa breve passagem das Escrituras: quando Davi é ungido rei, as Escrituras dizem: "a partir daquele dia o Espírito do Senhor apoderou-se de Davi." (1SM 16:13, NVI). Entendeu quando o Espírito Santo deixaria Davi? Nunca.

Sabe por que o Espírito Santo veio sobre ele quando ele foi ungido rei? Porque essa era a identidade de Davi. Esse é o verdadeiro Davi. O Davi real pode matar leões e escrever poesia, mas somente o verdadeiro Davi é um pastor-poeta-guerreiro-rei cheio do Espírito de Deus.

Do mesmo modo, o você real é capaz de realizar feitos, o verdadeiro você é capaz de... bem, você nem mesmo sabe. Você não faz ideia. Qualquer que seja o nível em que você se encontra hoje, pode ir ainda mais além.

É assim que minha identidade e meu destino foram desenvolvidos. Nossa equipe acolhe qualquer pessoa que esteja disposta e a ajuda a ir além. Não porque sabemos o que ela deve fazer; sabemos apenas como descobrir, e ensinamos às pessoas como descobrir sua verdadeira identidade. Se a verdadeira identidade pode ser conhecida desde a juventude, por que não sabemos quem de fato somos e, consequentemente, não ensinamos isso aos nossos filhos?

Quando ainda era um rapaz, Davi foi ungido por Deus em sua vocação e em sua verdadeira identidade. Ele já era o rei? Não, ele ainda não era oficialmente o rei. Ainda assim, era verdadeiramente rei naquela época, agora e para sempre. O ponto é: a verdadeira identidade de Davi no reino de Deus, desde o dia em que Deus o teceu no ventre de sua mãe, era a de um pastor-poeta-guerreiro-rei.

De acordo com a Bíblia, se você sente de Deus que é um curador de nações e hoje trabalha em um posto de gasolina, deve começar a buscar as habilidades para se tornar alguém que cura e que traz cura em larga escala. Deus só fala com você em sua verdadeira identidade. Essa é a única maneira pela qual Ele falará com você. Pare de se aproximar Dele com uma identidade falsa. Ele não falará com seu falso eu. Ele sempre se comunica com seu amado eu verdadeiro, digno e único. Consegue ouvi-lo?

Isso é só um teste

Certa vez, orei com um jovem imigrante muçulmano que havia passado pelo sistema escolar e técnico público dos Estados Unidos ao mesmo tempo que trabalhava para cuidar de si e de sua família. Quando chegou a hora de concretizar seu sonho de ir para a faculdade de administração, ele não passou no teste de admissão. Depois de não conseguir pela segunda vez e temendo falhar na terceira e última tentativa, chamou seus amigos cristãos para orar.

Quando nos sentamos para orar com ele em seu apartamento, notamos que a parede de sua sala estava adornada com dezenas de certificados de conquistas acadêmicas. Decerto ele era capaz de passar no teste de admissão da faculdade de administração; ele nos contou que conseguia passar no teste prático on-line com facilidade, mas, quando chegava a hora do teste real, com tempo limitado, ele ficava paralisado pelo medo de errar.

À medida que o guiamos pela experiência de um encontro com o Deus vivo, que o tinha tecido no ventre de sua mãe, ele se lembrou de uma noite em que alguns homens tinham ido ao seu vilarejo e sequestrado seu pai. Quando acordou e descobriu que seu pai tinha sido levado, ele se culpou por não estar acordado para alertá-lo. Não importava que ele fosse apenas uma criança bem pequena na época; ele sentia que era culpado, que havia falhado no teste de proteger seu pai e que ele era, e ainda é, um fracasso. Quando não estava sob pressão, era um aluno muito bom, mas, quando a pressão se impunha, ele recorria a uma falsa identidade de fracasso e ficava paralisado.

Após ter confessado a falsa identidade, ele se tornou apto a ouvir o Espírito de Deus, que o libertou de seu senso de vergonha e o lembrou de que seu pai tinha voltado para casa em segurança. "Você é meu lindo aluno", o Senhor sussurrou para ele, permitindo que fizesse o teste com alegria e em paz. Ele é um profissional maravilhoso no ramo dos negócios, trazendo esperança e alegria a muitos.

Muitos de nós assumimos a identidade de vítimas. Se você vai até o Senhor na posição de vítima — "Oh, Deus, sou tão indigno! Oh, Deus, estou tão cheio de vergonha!" —, a resposta dele é algo como: "Quem é este? Que barulho é este? Tudo o que vejo é o meu líder, meu estudante, meu filho amado, minha linda filha. Quem está dizendo que está cheio de vergonha? Foi você quem disse isso? Como ousa dizê-lo a mim? Eu morri para lhe tirar essa vergonha. Como ousa dizer que é indigno? Eu morri para lhe mostrar o valor que você tem para mim." A Bíblia nos diz que "Deus tornou pecado por nós aquele que não tinha pecado, para que Nele nos tornássemos justiça de Deus." (2COR 5:21, NVI) Você consegue entender? Por causa do trabalho consumado de Cristo, podemos nos aproximar de Deus como aqueles que foram *tornados* justos.

Tenha consciência do que Deus em Cristo fez. Preste atenção nesta incrível progressão da verdade: "Nós o amamos porque *Ele nos amou primeiro*." (1JO 4:19, NVI, grifo do autor) Como sabemos que isso é verdade? Porque "Deus demonstra seu amor por nós nisto: *Cristo morreu em nosso favor* quando ainda éramos pecadores" — inimigos apartados de Deus. (RM 5:8, NVI, grifo do autor) Por quê? Porque somos "criação de Deus" — sua obra-prima — "realizada em Cristo Jesus para fazermos boas obras, as quais Deus preparou de antemão para que nós as praticássemos". (EF 2:10, NVI)

Como estamos caminhando? Como vítimas que culpam a todos, incluindo Deus, e todo o resto por suas dificuldades e seus fracassos?

Vamos nos erguer na verdadeira identidade que nos foi dada por Deus e deixar que os redimidos do Senhor o digam! Deus fala conosco apenas em nossa verdadeira identidade e diz: "Levantem-se como meus líderes em um mundo sombrio e fragmentado."

O líder do bando

Você sabe o que é um líder? É qualquer um que queria ver algo mudado para melhor.

Deus ama líderes porque toda pessoa que Deus cria é feita para ser parte de um processo de transformação eterna. À medida que líderes são transformados pela constante renovação do coração e da mente, eles também provocam transformações no mundo ao seu redor.

É isto que o profeta Isaías disse a respeito de Davi:

> Um ramo surgirá do tronco de Jessé,
> e das suas raízes brotará um renovo.
> O Espírito do Senhor repousará sobre ele,
> o Espírito que dá sabedoria e entendimento,
> o Espírito que traz conselho e poder,
> o Espírito que dá conhecimento e temor do Senhor.
> (IS 11:1–2, NVI)

Esse é Davi. Esta é sua verdadeira identidade: pastor-poeta-guerreiro-rei. Ele é um pastor-poeta-guerreiro-rei de quinze anos e um dos maiores reis que já pisaram nesta Terra. E o Deus de toda criação falará com ele apenas como seu pastor-poeta-guerreiro-rei.

Como Deus fala com você?

Por volta de seus dezessete e vinte e um anos, Davi luta e mata Golias e é prometido à filha mais velha de Saul, Mical, com quem se casa.

Já por volta dos vinte e três, Davi foge de Saul e se torna amigo de Jonatas. Depois, foge para Nobe e então para Aquis, rei de Gate. Então vai até Adulão e reúne sua família. Lá, cerca de quatrocentos homens se juntaram a ele. 1Samuel 22:2 os descreve como "todos os que estavam em dificuldades, os endividados e os descontentes". (NVI) Essas são as pessoas que ele atrai. Que baita exército! Por que será que ele atrai esse tipo de pessoa? Porque ele conhece a própria identidade. Davi é um homem segundo o coração do próprio Deus, e, quando esses homens desanimados olham para ele, veem o verdadeiro coração de Deus.

Davi acolhe essas quatrocentas pessoas e, em um período de três anos, lidera um exército de seiscentos dos maiores guerreiros da história de Israel.

Quem são eles? Quatrocentos fracassados que agora são seiscentos dos melhores que existem.

Como ele faz isso? Como um rapaz de vinte e poucos anos, nesse período de tempo, consegue tomar quatrocentos fazendeiros desfavorecidos, pastores e sabe Deus quem mais e transformá-los em homens tão habilidosos em combate que são conhecidos por suas respectivas identidades e pelo que podem fazer no campo de batalha? Na verdade, esses ficaram conhecidos em Israel como os *gibborim* ou *poderosos*.

É como se Deus estivesse fazendo uma lista e perguntando "Quem vai ler meu livro?" e começasse a listar os nomes, pela identidade à qual os convoca e pelo que concretizarão, de cada indivíduo que um dia se envolverá com esse livro. Você acha que Deus pode fazer isso? Pois é isso que Deus faz. Porque amou o mundo de tal maneira que deu o seu Filho unigênito para que todo aquele que nele crê não pereça, e sim tenha a vida eterna. Deus não enviou seu Filho para condenar o mundo, e sim para que, por meio Dele, o mundo pudesse ser resgatado.

Dois dos maiores homens de Davi foram reconhecidos por sua coragem de permanecerem firmes quando todo o resto havia fugido. Essa era a habilidade deles.

Eu adoraria ser esse tipo de campeão. Todos fogem. Todos são vítimas. Todos voltam para casa. Todos trancam suas janelas. Todos se escondem. No entanto, aqueles homens permaneceram firmes.

Em Efésios 6:10-17, o apóstolo Paulo nos encoraja dizendo que, quando o inimigo vier, devemos permanecer firmes. Nessa passagem, o desafio é feito quatro vezes. Permaneçam firmes! Permaneçam firmes! Permaneçam firmes! Permaneçam firmes contra os esquemas do inimigo.

Como é possível permanecer firme? Na verdade de quem é você no reino de Deus. As portas do inferno não podem prevalecer contra seu verdadeiro eu.

O problema é que a maioria de nós não vive na verdadeira identidade. Estamos à deriva entre o falso e o real.

Agora você me vê, agora não mais

Em 1Samuel 26, Davi e seus seiscentos homens estão no alto das colinas, aguardando. Se você pensar bem, Davi está comandando um exército ilegal dentro de um reino que ainda não lhe pertence. Saul é o rei. Saul governa o país, e Davi está comandando o próprio exército dentro desse país. Do que essa pessoa seria chamada hoje?

Imagine um cidadão comum comandando um exército não autorizado pelo governo, mas totalmente funcional dentro dos Estados Unidos. Do que chamaríamos esse líder? Insurgente? Terrorista?

Nessa história, Davi descobre que Saul e seus líderes estão acampados no vale. Saul está dormindo.

Davi pergunta aos seus homens: "Quem quer descer até o acampamento comigo atrás de Saul?" O que isso diz a respeito de Davi?

Ele é destemido. Mas por quê? Há uma razão para ele ser assim. Ele sabe que é o rei, embora ainda não o seja de fato. E acredita que não morrerá até que Deus complete seu destino como rei.

Você não pode simplesmente se tornar destemido. Ninguém na Bíblia pensa de repente *Uau, temos esse monte de fé que nós mesmos geramos, então vamos fazer algumas façanhas bem perigosas.*

A maioria das pessoas sente medo a maior parte do tempo. Na verdade, a principal exortação da Bíblia é "Não temas". Só poderemos nos tornar destemidos quando seguirmos a Deus em nossa verdadeira identidade e experimentar na vida real a verdade das promessas de Deus para nós.

Davi já esteve em um lugar onde deveria ter morrido, mas não morreu? Sim, muitas vezes. Foi pela experiência que Davi aprendeu a não temer a morte.

Como você aprende a não temer a morte? Indo a lugares onde a morte é possível e experimentando a presença de Deus. Alguém quer fazer isso? Não. Acreditamos mesmo em Deus a esse ponto? Não de verdade. Queremos nos proteger e nos promover para espantar o medo, mas isso significa que nunca seremos destemidos.

Davi perguntou a dois dos seus homens: "Quem descerá comigo?" Apenas um deles respondeu, então aparentemente o outro cara não estava convencido. Contudo, Abisai respondeu: "Eu vou com você." Eles desceram e caminharam entre os guardas. Dizem as Escrituras: "Estavam todos dormindo, pois um sono pesado vindo do Senhor havia caído sobre eles." (1SM 26:12, NVI)

Essa história me lembra de uma época em que a minha família vivia na Indonésia. O governo do país havia colapsado. Os militares e a polícia simplesmente haviam batido em debandada, e a turba raivosa começou a saquear e incendiar a cidade onde vivíamos.

Infelizmente — ou felizmente, dependendo de como encarar a situação —, sentimos que Deus não queria que deixássemos o país. Em geral, nesse tipo de ocorrência, trabalhadores estrangeiros são os primeiros a serem resgatados, o que diz algo sobre nossa preocupação com a população local.

No entanto, o Senhor disse: "Quero que continuem firmes, porque quero que seus filhos vejam que posso protegê-los."

Minha esposa, Donna, perguntou: "Deus disse se nós também estamos incluídos ou apenas as crianças?"

Nós ficamos, e foi uma loucura. Milhares de pessoas subindo e descendo as ruas, queimando prédios e roubando outras pessoas em todas as grandes cidades.

Certa vez, estávamos dirigindo por uma rua calma do bairro com nossos filhos e alguns amigos deles. Viramos uma esquina e vimos um bando com centenas de pessoas. Eles usavam as bandanas de um partido político extremista. Agitavam cartazes, paus e garrafas quebradas, gritando, cantando e descendo a rua, bem onde nós estávamos, um carro cheio de estrangeiros. E não era possível recuar. Donna, reprimindo o pânico que sentia, perguntou: "O que vamos fazer?"

Bem, eu não sabia. O que você faria?

Não parece muito espiritual, mas olhei no retrovisor e disse às crianças: "Peçam a Deus que fiquemos invisíveis agora. Orem para que Deus nos deixe invisíveis."

Foi o que meus filhos fizeram. Eles ficaram empolgados, erguendo as mãos e repetindo sua oração: "Deus, ajude a gente a ficar invisível, faça a gente ficar invisível."

Enquanto orávamos, comecei a pensar que talvez essa fosse uma boa ideia, afinal de contas. Não tínhamos paus nem cacos de vidros, mas sentimos uma súbita sensação de autoridade e poder. Donna e eu nos juntamos à oração para que Deus nos tornasse invisíveis para aquela horda.

A multidão desceu a rua até o local onde estávamos, o único carro no meio da avenida... e nos cercou. Eles se jogavam contra o carro e o balançavam, mas não quebraram nenhuma janela, não bateram no carro nem tentaram invadi-lo. A multidão passou pelo carro, e nós balançávamos como se estivéssemos em uma enchente. Isso durou talvez cinco minutos, porque a multidão era enorme.

Estávamos sussurrando: "Que eu esteja invisível, que eu esteja invisível", enquanto toda a multidão passava. Fomos deixados sãos e salvos no meio da rua.

Respirei fundo, suspirei de alívio e comecei a dirigir, quando meu filho mais velho gritou: "Pai, não dirija ainda. Ainda estamos invisíveis. Deus, faça a gente ficar visível de novo." Deus pode fazer coisas assim? Sim, ele pode.

Sabe quantas vezes fizemos essa oração invisível desde aquele dia? Em muitas situações, pensamos *Seria bom ser invisível bem agora.*

Só podemos nos tornar destemidos se seguirmos a Deus em situações de medo e experimentarmos seu amor e sua proteção.

Davi e Abisai descem até o acampamento de Saul, e Abisai diz, nas palavras de hoje: "Hum, ali está ele. Saul está bem ali. Eis a fonte de todos os nossos problemas." Abisai se vangloria: "Eu só precisaria atirar a minha lança uma vez, e ele estaria morto. É só me mandar matá-lo."

Entretanto, o que Davi responde? "Não o mate! Quem pode levantar a mão contra o ungido do Senhor e permanecer inocente? Juro pelo nome do Senhor, [...] o Senhor mesmo o matará; ou chegará a sua hora e ele morrerá, ou ele irá para a batalha e perecerá. O Senhor me livre de levantar a mão contra seu ungido." (1SM 26:9–11, NVI)

Isso é coragem. Isso é fé.

E isso é inteligência. Davi conhece sua identidade. Ele não precisa manipular as coisas para ter certeza de sua identidade. Ele espera em Deus e, nesse sentido, controla Abisai. Em vez disso, eles pegam a lança e o jarro de água que estavam perto da cabeça de Saul e voltam à colina. De lá, Davi grita para repreender o general de Saul, Abner. "Por que você não protegeu o rei, seu senhor? Alguém foi até aí para matá-lo. Não é bom isso que você fez! Juro pelo Senhor que todos vocês merecem morrer, pois não protegeram o seu rei, o ungido do Senhor. Agora, olhem! Onde estão a lança e o jarro de água do rei, que estavam perto da cabeça dele?" (vv. 15–16)

Saul reconhece a voz de Davi: "É você, meu filho Davi?" (v. 17)

Davi responde à pergunta de Saul com toda a integridade e o conforto de sua verdadeira identidade. Ele se torna humilde diante de Deus e de Saul e grita de volta: "O rei de Israel saiu à procura de uma pulga, como alguém que caça uma perdiz nos montes." (v. 20)

Então, Saul diz algo incrível: "Pequei! Volte, meu filho Davi! Como hoje você considerou preciosa a minha vida, não lhe farei mal de novo. Tenho agido como um tolo e cometido um grande erro." (v. 21)

O capítulo termina com Davi seguindo seu caminho e Saul voltando para casa.

Essa é uma grande lição sobre resolução de conflitos. Quer pôr fim a um conflito? Deixe o inimigo saber que a vida dele é valiosa aos seus olhos. Ame-o. Fazer isso põe fim ao conflito. Não fazemos isso porque pensamos que seria um ato de fraqueza, mas é o que Davi faz, e Saul e seu exército batem em retirada.

O des-conforto da introspecção: andando lado a lado comigo mesmo

Quando Davi tinha por volta de vinte e sete anos, cometeu um erro considerável. Ele cometeu muitos erros, afinal, era humano, mas, nesse caso específico, foi um erro realmente grave. Essa é uma passagem fascinante. É por isso que você talvez precise enxergar a Bíblia de um jeito diferente do que já fez. Não leia a Bíblia seguindo um padrão formulaico. Em vez disso, pergunte a Deus: "O que isso me diz? Como isso se relaciona com a minha identidade? O que o Senhor quer que eu saiba?"

Você pode dizer a verdade e confessar que certa passagem das Escrituras é assustadora. Pergunte ao Senhor: "Por que estou com medo? Do que tenho medo?"

Depois de sua estratégia incrivelmente brilhante de não erguer o braço contra Saul e matá-lo, e sim esperar que Deus o protegesse e o promovesse, Davi passou a sentir medo.

Por quê? O que aconteceu foi que Davi, em vez de ser o "inquisidor do Senhor", que é seu *modus operandi* usual e bem-sucedido, optou pela via da introspecção humana.

As Escrituras registram o evento da seguinte forma: "Davi, contudo, pensou: 'Algum dia serei morto por Saul. É melhor fugir para a terra dos filisteus. Então Saul desistirá de procurar-me por todo o Israel, e escaparei dele.'" (1SM 27:1, NVI)

Ao confiar em Deus e em sua verdadeira identidade de pastor-poeta-guerreiro-rei, Davi é invencível. Já quando passa a pedir conselhos a si mesmo, torna-se temeroso e decide fugir. A autoproteção e a autopreservação são sempre a estratégia de uma pessoa temerosa e um indicador de que o falso eu está assumindo o controle.

Davi decide levar sua força de combate de elite aos filisteus e começar uma vida como assassino, saqueador de caravanas e mentiroso. É isso que ele se torna para proteger sua vida, mesmo que Saul tenha jurado parar de persegui-lo.

Enquanto Davi fazia isso, o que seus homens poderiam estar pensando e sentindo? Eles sabiam da reverência e da confiança que Davi depositava no Senhor seu Deus. Eles se questionam sobre a radical mudança de estratégia de Davi? "Uau, o que aconteceu com nosso corajoso líder? De repente ficou com medo, e agora estamos fugindo do perigo. Um de nós é suficiente para matar oitocentos homens. Um de nós é suficiente para derrotar um exército inteiro, e estamos saqueando caravanas? E estamos mentindo, dizendo aos filisteus que estamos fazendo uma coisa quando, na verdade, estamos aqui fazendo outra, e estamos matando pessoas e encobrindo isso. É nisso que nos transformamos? É isso que fazemos? O que aconteceu?"

Davi desistiu de sua verdadeira identidade e assumiu uma falsa identidade. Nosso pastor-poeta-guerreiro-rei agora é nosso mentiroso, assassino, bandido e rei.

Certa vez, conversando com detentos em uma prisão, conheci um soldado aposentado, condecorado por seus atos de heroísmo e bravura no campo de batalha. "Eu me preparei a vida inteira para ser soldado", ele me contou, de mãos e pés algemados. "Fui para a escola militar ainda criança e, quando tinha a idade suficiente para me candidatar, fui direto para o serviço militar. Eu estava no meu último período do serviço quando algo dentro de mim se rompeu. Não sei o que foi, mas fui consumido pela ideia da morte. No local para onde eu tinha sido destacado, havia acesso fácil ao ópio, e ele me trouxe alívio nas crises de hipertensão. Infelizmente, em vez de buscar ajuda profissional, eu me tornei dependente de drogas e álcool, e por fim acabei sendo dispensado do serviço militar. Mais tarde, cometi roubo à mão armada para sustentar meu vício. Se não fosse por Deus, eu provavelmente já estaria morto. É louco como tudo aconteceu rápido", ele disse, balançando a cabeça. "É como se em um momento você fosse um herói e, no minuto seguinte, um criminoso."

Quando tiramos os olhos de Jesus, o autor e aperfeiçoador de nossa fé,[6] deixamos de permanecer e nos separamos da verdade. Essa separação resulta em uma queda para a falsidade. Essa queda, desenfreada, independentemente de ser gradual ou rápida, é inevitável e muitas vezes destrutiva.

Davi descobre o efeito calamitoso de sua liderança autorreferencial quando, ao retornar para seu acampamento-base em Ziclague, ele e seus homens descobrem que um ataque de um grupo amalequita havia queimado o acampamento e levado suas mulheres e seus filhos como cativos. Davi e seus homens ficaram tão abalados que choraram alto até não terem mais forças. Então, amargurados pela perda de seus filhos e suas filhas, os homens de Davi falam em apedrejar seu outrora amado líder.[7]

De repente, Davi não parece mais tão invencível. Por quê? Porque ele abandonou a identidade que Deus lhe deu para assumir uma falsa identidade de autoproteção e autopromoção.

Qual é a nossa garantia contra esse tipo de pensamento mortal? Nós nos deixamos levar por eles todos os dias. É chamado de "caminhar lado a lado com o nosso eu como um conselheiro". É uma conversa solitária que parece algo assim:

Jamie:	O que você acha desta situação em que se encontra?
Jamie:	Estou com medo.
Jamie:	Eu sabia. Também estou.
Jamie:	O que você vai fazer para se proteger?
Jamie:	Eu estava planejando abandonar toda esperança e fugir.
Jamie:	Bom plano. Estou dentro, porque me acho um fracassado.
Jamie:	Concordo.

É claro que o inimigo quer intervir.

Inimigo: Você tem razão. Você é tão sábio! As pessoas não prestam atenção aos fatos. Elas são estúpidas. Você sabe que vai perder isso. Quando sua mãe disse que você era um perdedor, você sabia que ela estava certa. Ela não estava?

Jamie: Sim, ela estava.

É fácil acreditar nessa conversa baseada em mentiras porque nunca é preciso ter fé para acreditar no que é falso. Nunca. Mas é preciso ter fé para acreditar no que é verdadeiro.

Deus quer entrar na conversa.

Deus: Você não corre perigo. Você nunca corre.

É preciso ter fé para acreditar nisso.

Deus: "Eu sou a ressurreição e a vida. Aquele que crê em mim, ainda que morra, viverá; e quem vive e crê em mim, não morrerá eternamente." (JO 11:25–26, NVI)

É difícil acreditar nessa declaração. Na verdade, não acreditamos. Se formos sinceros, acreditamos que esta vida é, na verdade, melhor do que a vida que está por vir. É por isso que estamos sempre orando: "Deus, não deixe essa pessoa morrer. Por favor, não deixe que ela morra." Por que pedimos isso? Por que oramos por isso?

Minha esposa e eu temos dois amigos que estão muito próximos da morte física. São homens grandes e potentes que amaram a Deus por toda a sua vida.

Um deles está paralisado do pescoço para baixo por causa de uma doença que consumiu sua coluna. Fisicamente, ele não consegue se mover, mas ainda assim é vibrante e potente.

A mulher dele ligou para a minha, e Donna perguntou:

— Como vai seu marido?

Ela respondeu:

— Ah, ele está me deixando louca. Fica dizendo que consegue ver um rio dentro da cidade e quer colocar o pé nesse rio, mas não consegue. E ele consegue ver as árvores do outro lado desse rio, cheias de frutas, e tenta estender a mão para pegá-las, mas não consegue.

Sabe o que a esposa dele disse ao marido? "Vou te ajudar a colocar o pé no rio. Vai, vai, vai, vai..."

Você pensa na morte desse jeito? "Vá. Corra de novo. Viva, liberte-se."

O outro homem tem oitenta e nove anos e está gravemente doente, mas conseguia ficar de pé e vir ao meu encontro. Ele disse:

— Estou vivendo... vivendo em dois mundos. Piso nos dois mundos, e não quero mais desperdiçar nenhum minuto neste aqui. Quero desfrutar de tudo que puder. Há beleza aqui, e quero prestar atenção a ela. Mesmo que do outro lado esteja o meu filho.

Aos vinte e sete anos, esse homem havia perdido o filho.

— Meu filho está lá, e eu quero ir vê-lo — disse ele, começando a chorar.

Ele não chorava por estar morrendo. Ele queria ir para o outro lado.

— Quero ver meu filho de novo. Quero ir embora.

Essa é a maneira como eles veem a morte. As Escrituras dizem: "Onde está, ó morte, a sua vitória? Onde está, ó morte, o seu aguilhão?" (1COR 15:55, NVI) Nós acreditamos nisso? Se tivermos medo de morrer, faremos qualquer coisa para proteger nossa vida.

Jesus nos faz esta promessa preventiva: "Se vocês se agarrarem demais à vida, irão perdê-la, mas, se a perderem, vocês irão ganhá-la de acordo com Deus." (Lc 17:33, MSG)

Você já ouviu essa promessa? Nunca a vi em um marcador de páginas nem em um pôster exibindo as promessas de Deus. Deveríamos ter essa promessa pendurada na porta da geladeira ou no espelho do banheiro.

Davi se deixou levar por pensamento e identidade falsos. Ele pensou: *Como está o meu mundo?* E as notícias disseram que estava ruim. Terrível. Um desastre.

O que podemos fazer em uma situação como essa? Nós estamos esgotados e derrotados. Perdemos nossa identidade, e as pessoas ao nosso redor começaram a desgostar de nós. Ficamos isolados mesmo quando estamos em grupos, e nossas comunidades não nos ajudam. Nós nos tornamos uma vergonha porque estamos vivendo nesse medo e nessa falsa identidade.

Temos que escapar desse pensamento mortal e lidar com a questão da identidade.

Na primeira seção deste livro, "Atenção", aprendemos a dizer nossa verdade a Deus e, então, ouvi-lo nos dizer a sua verdade. Isso traz transformação.

A título de ilustração, lembra-se da metáfora da pilha de lixo? Há ratos vasculhando uma pilha de lixo, e você precisa se livrar deles. Você pode passar muitas horas inúteis tentando matar os ratos um por um, mas eles continuarão a aparecer. É mais fácil e inteligente simplesmente se livrar da pilha de lixo. Sem lixo, sem ratos.

Nossa falsa identidade é uma pilha de lixo que atrai crenças errôneas em uma miríade de mentiras. Tentar eliminar cada uma das mentiras em que acreditamos leva tempo e é difícil. O método mais eficaz é eliminar a falsa identidade que atrai as mentiras e oferece a Satanás um ponto de apoio em nossa vida espiritual.

Ao pensar por si mesmo em vez de confiar em Deus, Davi assumiu um falso eu. Ele acreditava que não era amado e protegido por Deus. Uma vez que aceitou essa falsa visão de si mesmo, as mentiras vieram como ratos para o monte de lixo, a ponto de Davi começar a viver as mentiras como se fossem verdade. Até mesmo seus homens cogitaram matá-lo.

Vamos encontrar nossa pilha de lixo, e essa pilha será uma falsa identidade. O processo é muito simples. O caminho para descobrir a falsa identidade é pedir a Deus que lhe diga o que ela é.

É para isso que serve a oração. Para buscar e ouvir a Deus. É por isso que a oração é tão efetiva e poderosa.

Quando eu orar, vou pedir a Deus que o sonde e o conheça como em Salmos 139:23-24 e revele a você os falsos nomes ou as falsas identidades que você acredita que são verdadeiras a seu respeito. Serão coisas negativas que outras pessoas lhe atribuíram ou que você mesmo se impôs ao longo da vida. Talvez você já as conheça. Muitos de nós conhecemos, porque vivemos nelas o tempo todo — nós nos sentimos acusados e condenados. Pode ser uma lista longa ou curta. O tamanho não importa.

Quando você ouvir ou perceber esses nomes ou essas identidades falsas, quero que os escreva em algo que possa ser queimado ou rasgado, porque não vamos guardá-los. Nós vamos nos livrar disso.

Confessar-se é contar a verdade a Deus a respeito do que você acredita sobre si mesmo que parece verdade. A única forma pela qual Davi poderia escapar da situação em que estava com seus homens, que queriam matá-lo, era voltar à sua verdadeira identidade. Ele poderia ter voltado à sua verdadeira identidade tão rápido quanto a deixou. E você pode fazer o mesmo.

Vamos ouvir e escrever.

Pai, obrigado por essa pessoa que me lê. Eu a abençoo em nome do Pai, do Filho e do Espírito Santo.

Pai, obrigado pela sua Palavra. Obrigado, Senhor, por esses homens e mulheres da história sobre os quais podemos ler. Eles viveram suas respectivas vidas nestas páginas para que pudéssemos ver seus erros, seus medos, suas culpas e suas vergonhas e, então, ver como o Senhor os alcançou, redimiu e resgatou cada vez que clamaram ao Senhor. O Senhor estava lá com eles — assim como está conosco — porque nos ama, porque anseia que estejamos com o Senhor assim como está conosco. Esse é o seu desejo. Nós o amamos porque o Senhor nos amou primeiro. Sabemos que nos ama porque, enquanto éramos pecadores, o Senhor morreu por nós. É esse o tanto que o Senhor nos ama.

Senhor, ajude-nos a conhecer a verdade do que acreditamos a respeito de nós mesmos. Senhor, em nome de Jesus, peço-lhe mais uma vez que esvazie nossas mentes de outras vozes. Queremos ouvir apenas ao Senhor, apenas a voz do verdadeiro Senhor Jesus, uma voz que não condena nem acusa, e sim que fala somente em verdade e amor.

O Senhor poderia nos sondar agora com o seu Espírito? O Senhor poderia nos sondar e nos conhecer? Senhor, poderia nos dizer os falsos nomes e as falsas identidades que acreditamos serem verdadeiras sobre nós mesmos? Traga-os à nossa mente, Senhor.

À medida que o Senhor trouxer à sua mente esses nomes e essas identidades falsos, escreva-os. Vá em frente; não tenha medo. Deixe que o Senhor o sonde. Queremos que essas coisas sejam eliminadas. Queremos ser livres.

Senhor, sonde-nos até o fim. Sonde toda sala secreta, todo local trancado em nosso coração. Senhor, resplandeça sua luz e revele-nos tudo que seja falso, toda falsidade a respeito de nós mesmos que acreditamos ser verdade.

A razão pela qual você está escrevendo isso é uma questão tática. Essas falsas identidades dão ao inimigo um local para agir em sua vida. Acreditar nelas dá ao inimigo uma autoridade que na verdade ele não tem. Damos autoridade a ele quando acreditamos em suas acusações e vivemos em falsas identidades. Então, escreva essas coisas diante do mundo espiritual. Estamos avisando o inimigo agora mesmo que vamos manifestar as identidades falsas, e estamos fazendo isso na presença do nosso Rei, nosso Deus, sob sua proteção e segurança.

Quando você terminar de escrever, quero que use sua imaginação, que é o lugar onde você tem sonhos e visões. Sua imaginação vem de Deus. Isaías promete que aquele cuja mente e imaginação estão comprometidas com Deus e focadas nele será mantido em perfeita e constante paz por Deus.[8]

Em vez de usar nossa imaginação para nos arruinarmos, vamos usá-la da forma que Deus desejou: para ver os pensamentos e as ideias como Deus os vê, para enxergar a realidade invisível.

Pai, santifique nossa imaginação agora, essa grande dádiva que o Senhor nos concedeu, para que possamos imaginar todas as coisas para as quais nossa imaginação foi feita — coisas no futuro, novas ideias, novas invenções, um futuro feliz, talvez? Senhor, guie nossa imaginação agora em sua presença, em sua santidade.

Em seguida, imagine entregar sua lista de identidades falsas a Jesus. Imagine isso em sua mente. Estamos imaginando Jesus porque ele é a representação exata do Deus invisível. Quando vemos Jesus, vemos o Pai.

Senhor, guie-nos nisso. Mostre-nos o que acontece quando entregamos essas identidades falsas ao Senhor. Mostre-nos o que Jesus faz com essas identidades falsas quando as entregamos a Ele.

Seja lá o que você imagine ou visualize Jesus fazendo, quero que você se lembre, porque quero que descreva em voz alta. Se não consegue ver nada, não tem problema. Diga apenas: "Não vejo nada." Sempre diga a verdade.

Depois de alguns segundos, quero que compartilhe o que imaginou. Esse momento de se confessar a Jesus e ao próximo é libertador. É isso que Deus queria.

Quando Jesus foi à casa de Zaqueu, foi recebido com alegria. Foi Zaqueu quem teve a ideia de devolver quatro vezes a quantia que ele tinha obtido ilegalmente.[9] Não foi Jesus que lhe mandou fazer isso. Estando com Jesus, porém, transformado em sua verdadeira identidade, Zaqueu fez o que sua verdadeira identidade sabia que deveria fazer. Ele devolveu o que tinha roubado e começou a viver uma vida de generosidade.

Zaqueu estava acumulando dinheiro, vivendo em uma esfera oposta à da sua identidade verdadeira. Quando encontrou Jesus, transportou-se para a sua verdadeira identidade e abriu mão do dinheiro.

Quando Jesus interagia com as pessoas, ele não pedia que elas se desculpassem; fazia algo mais poderoso e libertador para o espírito humano. Jesus pedia que falassem a verdade. Veja 1João 1:9: "Se confessarmos os nossos pecados, ele é fiel e justo para perdoar os nossos pecados e nos purificar de toda injustiça." (NVI)

A confissão (do grego *homologeō*, que significa "concordar com, assumir, não negar") resulta no perdão de Deus (do grego *aphiēmi*, que significa "mandar embora") de nossos pecados (do grego *hamartia*, "errar o alvo, desviar-se do caminho da retidão").

Jesus não criou um coletor de impostos fraudulento. Ele criou um homem que sabia fazer dinheiro e se despir dele em um nível muito além do exigido pela lei. Zaqueu faz isso e é preenchido de alegria, assim como todos ao seu redor.

Quando nos aproximamos do Senhor com uma falsa identidade, deveria ser o momento mais feliz da nossa vida. "Jesus, admito e concordo que estou vivendo uma vida de mentira. Tome, Jesus, pegue essas coisas falsas e faça com elas o que quiser. Não as quero mais."

Depois que limpamos a casa, não queremos que ela fique vazia. Senão, as mentiras retornarão — e não é isso que queremos.[10]

Se você viu Jesus fazer algo com os falsos nomes ou as identidades que você escreveu, faça o que viu. Jogue tudo fora em uma lixeira, rasgue, cuspa, queime, faça o que quer que lhe pareça certo. Apenas livre-se disso tudo. Estamos livres dessas coisas. Não as queremos mais. Vamos assumir nossa nova identidade. Vamos começar a fazer planos para nossa identidade nova, verdadeira e feita apenas para nós.

Pai, obrigado por essa pessoa que me lê. Eu a abençoo em nome do Pai, do Filho e do Espírito Santo.

Senhor, obrigado pela honestidade dessa pessoa. Obrigado por ser um Deus que nos persegue com sua verdade e sua verdadeira identidade. O Senhor nos fez para sermos algo. Queremos ser reais com o Senhor, dizer a sua verdade e nos transportar para nossa verdadeira identidade com o Senhor. Obrigado pelo seu perdão. Obrigado por sua bondade que nos leva ao arrependimento. Nenhuma condenação há; nem culpa. É a bondade que conduz à liberdade! Vamos romper com esses nomes e parar de agir sob essas falsas identidades. Então, nós os entregamos ao Senhor e pedimos que feche a porta para eles. Senhor, ensine-nos a viver conforme nossa verdadeira identidade. Em nome de Jesus, amém.

PARTE 3:

ANUNCIAÇÃO

Ouçam, escutem a minha voz; prestem atenção,
ouçam o que eu digo.
ISAÍAS 28:23 (NVI)

Pois a palavra de Deus é viva e eficaz, e mais afiada que qualquer
espada de dois gumes.
HEBREUS 4:12 (NVI)

Certa vez, após um contratempo particularmente devastador em um país do Oriente Médio, que resultou em nossa prisão e expulsão desse país, um amigo ligou para ver como estávamos e oferecer apoio. Depois de me ouvir contar e recontar as circunstâncias do acontecimento — a traição, o fracasso e o consequente senso de medo, culpa e vergonha —, seu conselho foi simples: "Bem, Deus ainda fala, e sua Palavra ainda corta, então vamos perguntar a Deus o que Ele quer que você saiba e o que Ele quer que você faça."

Deus ainda fala e a Palavra ainda corta — dois fatos frequentemente negligenciados que nos ajudam a evitar más decisões, conclusões equivocadas e, de forma geral, um pensamento enganoso. Vamos refletir sobre cada uma dessas verdades.

Se ao menos você pedisse

Com que frequência nos esquecemos da verdade surpreendente de que adoramos o Deus que fala?

Nesse que parecia um ponto baixo inescapável em minha jornada com o Senhor, ao ser preso e expulso de um país, lembrei-me das palavras de Tiago, o irmão de Jesus, em sua carta aos judeus que tinham se *dispersado* pelo mundo não judeu: "Se algum de vocês tem falta de sabedoria, peça-a a Deus, que a todos dá livremente, de boa vontade; e lhe será concedida." (TG 1:5, NVI)

Falta de sabedoria? Sinto que constantemente tenho falta de sabedoria. E qual é a solução? Pedir. E, por favor, note que o Deus a quem você está pedindo não é um Deus distante, petulante e caprichoso de nossa própria criação, que não pode nos ajudar e nos deixa perdidos.[1] Em vez disso, clamamos àquele que chamou a criação — o que nos inclui — à existência e nos chama pelo nome. Esse é o Deus de Abraão, Isaque e Jacó, o Deus e Pai do nosso Senhor Jesus Cristo, que dá sabedoria (no grego, *sophia*, que significa "amplo e cheio de inteligência, conhecido nas mais diversas matérias") ilimitada, sem reprovações ou censura.

Deus está pronto e anseia por derramar sua sabedoria sobre nós, basta pedirmos. Além de querer nos encher dessa sabedoria, a sabedoria de Deus cobre todas as áreas do comportamento humano. Basta pedirmos.

Em 1961, a Indiana University Press publicou o hoje clássico trabalho *Ecstasy: A Study of Some Secular and Religious Experiences* [Êxtase: um estudo de algumas experiências seculares e religiosas, em tradução livre], no qual a autora Marghanita Laski descreve um processo de seis etapas subjacentes aos momentos de grandes descobertas — ideias criativas, revelações ou transformações da mente que mudam o curso da ciência, da filosofia, da arte ou da religião.[2] De Aristóteles a Einstein, de Beethoven aos Beatles, das gravuras nas cavernas a Cézanne, toda criatividade e inovação humana começa com uma simples ação: uma pergunta.

E o que dizer de Jesus em sua humanidade? Como Jesus sabia das coisas?

Em seu evangelho, Lucas relata um incidente fascinante em que o jovem Jesus, que tinha crescido e se tornado forte e preenchido com a sabedoria e a graça de Deus (Lucas 2:40), tinha agora atingido o marco dos doze anos. A essa altura, um garoto deve entrar naquele período da vida em que, já tendo aprendido as exigências da lei por meio das instruções de seus pais, agora assume a responsabilidade para si. Esse rito, que ainda existe, consiste no preparo, por parte do candidato, de certas passagens da lei que devem ser recitadas e apresentadas aos legisladores e doutores. Naquela época, eles poderiam lhe fazer perguntas testando o seu conhecimento, e ele poderia lhes fazer perguntas que tivessem surgido de seu treinamento.

Sendo judeus dedicados, Maria e José prepararam o garoto para esse evento importante e celebraram a ocasião monumental em Jerusalém. No entanto, em um momento da viagem de volta para casa, Maria e José descobriram que o rapaz tinha desaparecido. Depois de três dias de buscas intensas, os pais, compreensivelmente bravos, localizaram o filho, que tinha ficado nos pátios do templo, sentado entre os professores, ouvindo e fazendo perguntas (v. 46).

Isso leva Maria a fazer uma pergunta ao seu filho: "Filho, por que você nos fez isto?" (v. 48) O pedido de Maria por uma explicação parecia autocentrado e acusatório, e não um pedido por sabedoria ou compreensão real. Ela queria um culpado.

O garoto Jesus, no entanto, replicou com uma pergunta terna e respeitosa, que oferece sabedoria e entendimento para sua mãe: "Por que vocês estavam me procurando? Não sabiam que eu devia estar na casa de meu Pai?" (v. 49) Na idade cultural e religiosamente apropriada, Jesus escuta e faz perguntas para revelar e transmitir a sabedoria de seu Pai. Maria precisa ser lembrada do plano de Deus no nascimento de Jesus. Ela precisa de sabedoria e entendimento sobre sua criança divina. Jesus nunca desobedecerá ou tratará mal seus pais; no entanto, ele será obediente ao seu Pai celestial acima de todos. Maria recebe esse lembrete e "guardava todas essas coisas em seu coração". (v. 51) E, quanto a Jesus, "ia crescendo em sabedoria, estatura e graça diante de Deus e dos homens". (v. 52)

Jesus, sendo um jovem plenamente humano, cresceu em sabedoria, o que incluía fazer perguntas e buscar a orientação de seus pais humanos e de professores, mas depois cresceu na plenitude de sua identidade ao buscar sabedoria e orientação diretamente do próprio Pai. Decerto, depois de seu batismo no Rio Jordão, momento em que Deus publicamente o identificou como seu Filho amado em quem se comprazia,[3] Jesus, preenchido do Espírito Santo,[4] transportou-se para outro nível de sabedoria.

É preciso um processo para compreendermos e nos envolvermos. Reflita nas palavras de Jesus:

> Por mim mesmo, nada posso fazer [independentemente, pela minha própria vontade — mas somente o que Deus me disser, e eu seguirei as ordens Dele]; Eu julgo apenas conforme ouço [eu decido conforme me é ordenado; conforme a voz vem a mim, dou minha decisão], e o meu julgamento é justo [correto, íntegro], pois não procuro agradar a mim mesmo, mas àquele que me enviou." (JO 5:30, NVI, acréscimos do autor)

Jesus está apresentando à humanidade o mais alto nível de conhecimento: pedir sabedoria ao Deus que fala!

Pense nisso a partir desta perspectiva: Jesus não exatamente ensina às pessoas o que devem fazer em determinada situação; ele as ensina *como saber o que devem fazer em cada situação*. Peça e continue pedindo, busque e continue buscando, bata à porta e continue batendo.[5]

Sem dúvida os discípulos de Jesus começaram a entender que o estilo de sabedoria de seu mestre ia muito além de qualquer coisa que eles já tinham experimentado. Como é que Jesus sempre parecia saber aonde ir, com quem se encontrar, quando começar a falar, o que dizer, quando parar de falar, quando ir embora, quem levar com Ele, quem deixar para trás, quem ressuscitar dos mortos, quem não ressuscitar dos mortos, quando violar as leis judaicas, quando não violar as leis judaicas, e assim por diante? Talvez seja essa a motivação em Lucas 11:1, quando, após ver Jesus orar (mais uma vez!) em certo lugar, um dos discípulos disse: "Senhor, ensina-nos a orar, como João ensinou aos discípulos dele." (NVI) As Escrituras não nos dizem como ou o que João ensinou aos seus discípulos, mas Lucas associa a oração aos momentos mais importantes da vida de Jesus: Jesus ora em seu batismo e após um dia realizando milagres; Jesus passa a noite em oração antes de escolher os doze discípulos; Jesus ora sozinho antes da confissão de fé de Pedro e da primeira referência à cruz; Jesus ora na montanha, onde é transfigurado; e Jesus se alegra em oração após a missão dos setenta e dois devido à revelação do Pai aos seus filhos.[6] Ao testemunhar a comunicação constante de Jesus com o Pai e seus resultados, uma pessoa normal poderia pedir: "O Senhor pode me ensinar a fazer isso?"

Suspeito que Jesus, sendo um mestre por excelência, esteja à espera dessa pergunta. Não importa que os discípulos tenham levado onze capítulos para fazê-la; Jesus está pronto para oferecer sua sabedoria em oração à vontade e sem censura. Claro, seus ensinamentos não foram o que eles esperavam. Ele diz em muitas palavras: "Quando você ora, precisa fazê-lo de modo diferente daquele que observa nos outros ou de como foi ensinado enquanto um judeu aprendiz. Não seja como os hipócritas que fazem um grande show de oração para que todos vejam, e não seja como os pagãos que pensam que mais palavras equivalem a mais resultados.[7] Em vez disso, quando orar, pense em algo assim: Deus é, na verdade, seu Pai. Ele está no céu, acima de tudo. Aproxime-se dele como se aproxima de um Pai."

Foi isso o que Jesus ensinou. É isso que entendemos hoje: "Pai nosso, que estais no céu." Fizemos disso uma oração memorizada. Exige o mínimo esforço de pensamento. Memorizar não exige que pensemos com profundidade, e, mais importante, não exige relacionamento. Simplesmente repetimos de novo e de novo.

Jesus sabia de nossa tendência a transformar as coisas em uma fórmula e fazer delas um ritual. É isso que fazemos para evitar um relacionamento.

Voltando ao tema da oração, Jesus disse que o Pai sabe do que precisamos antes mesmo de pedirmos.[8] O que isso nos diz sobre como deveríamos orar? Como isso fundamenta nossa vida de oração? O que deveríamos estar pedindo a Deus? Talvez, quando oramos, devêssemos perguntar: "Senhor, do que preciso?"

Essa é a sua vida de oração. Se o Pai sabe do que você precisa antes mesmo de você pedir, por que não perguntar a Ele do que, de fato, você precisa? Se você perguntar e Ele lhe disser, então ore por isso. Sua oração será sempre respondida, sem falhas.

Quando nossos três filhos nasceram, nós os dedicamos ao Senhor. Pedimos a Deus diariamente que nos esclarecesse, ao longo da vida deles, do que eles precisavam para se tornarem quem Ele pretendia que fossem: "Senhor, dê-nos sabedoria hoje, pais incumbidos da responsabilidade de cuidar dessa identidade única e formada por Deus; mostre-nos do que essa criança precisa hoje para crescer em sabedoria e estatura e graça perante o Senhor e os outros."

A resposta para esse pedido de sabedoria parental de Deus não era "esconda-os no local mais seguro que puder e ensine-os a se proteger e autopromover e evitar desconhecidos e perigos a qualquer custo". Foi exatamente o contrário. Como C. S. Lewis escreve sobre o personagem de Cristo, Aslan, em *As crônicas de Nárnia*: "Perigoso? (...) Quem foi que disse que ele não era perigoso? Claro que é, perigosíssimo. Mas acontece que é bom. Ele é Rei, digo e repito."[9]

O que Deus tinha em mente para nossos filhos era que crescessem no mundo muçulmano, aprendendo a amar e compartilhar sua fé com os filhos e filhas de Ismael. Vai por mim, não era isso que eu e minha esposa tínhamos em mente, mas somos muito gratos pelos grandes amigos, maridos e pais que eles se tornaram.

Pergunte ao Pai: "Deus, do que preciso hoje? O que o Senhor diz que preciso?" O que você precisa provavelmente não é o que acha que precisa. Em sua humanidade, Jesus tinha seu modo próprio de orar. Ele sempre procurava a sabedoria e a orientação de seu Pai celestial. As Escrituras registram Jesus orando vinte e cinco vezes diferentes em seu ministério na Terra.

Jesus sabe como saber o que fazer, e sabe por que tem um relacionamento de diálogo e amor com seu Pai, o Deus que fala.

Em um país muçulmano em que moramos, eu tinha um aluno chamado Salim,[10] que precisava de uma carteira de motorista para conseguir um bom emprego e ajudar a sustentar seus pais doentes. A dificuldade de Salim era que, por ser membro de uma minoria étnica discriminada, conseguir uma carteira de motorista oficial era quase impossível.

— Já tentei três vezes — ele me contou, exasperado com o processo. — Eu vou até o escritório do governo, espero na fila por horas, e, se chamam meu nome, o que só fizeram uma vez, assim que veem minha etnicidade, rejeitam meu pedido.

Salim e eu só nos conhecíamos havia alguns meses, mas já estávamos bastante aprofundados no estudo das pessoas das Escrituras.

— O que Moisés e Gideão fizeram quando enfrentaram situações que pareciam impossíveis? — perguntei a Salim. — E a mulher samaritana sozinha no poço? Quem a ajudou?

— Eles pediram sabedoria a Deus — ele respondeu. — Mas Deus sabe como conseguir uma carteira de motorista em um governo corrupto? Além disso, mesmo que eu consiga fazer o teste, não tenho muita experiência como condutor. Deus pode me dar instruções em tempo real ou ele só atua em assuntos da religião?

Quantos de nós pensam que Deus só *atua em assuntos da religião*? Claro, Deus pode nos ajudar nos problemas religiosos, mas o que ele sabe da vida real, da rotina de uma vida de segunda-a-sexta-feira esmagada em um mundo ferrado e hostil? Como resultado desse tipo de pensamento, simplesmente não pedimos sabedoria a Deus em áreas significativas de nossas vidas. Eu nunca teria entendimento da profundeza da sabedoria de Deus a respeito do trabalho policial se não tivesse perguntado a Ele o que Ele sabia sobre trabalhar em homicídios, brigas domésticas e roubos à mão armada e sobre amar advogados de defesa. Acontece que o Senhor sabe *um pouquinho* sobre literalmente tudo. Tiago, irmão de

Jesus, diz claramente: "Vocês não têm, porque não pedem." (TG 4:2, NVI)

Esta é uma identidade falsa?

Não pedir é um obstáculo à nossa jornada de ouvir a voz de Deus em nossa vida. Mas há outro impedimento, creio que mais insidioso, para receber Sua orientação: tentar ouvir a partir de um falso senso de si mesmo, de uma falsa identidade.

Além disso, é importante entender que a palavra (no grego, *logos*, "palavra proferida por uma voz viva") de Deus é capaz de penetrar "ao ponto de dividir alma e espírito [a completude de uma pessoa], juntas e medulas [as partes mais profundas de nossa natureza], e julga os pensamentos e intenções do coração. Nada, em toda a criação, está oculto aos olhos de Deus. Tudo está descoberto e exposto diante dos olhos daquele a quem havemos de prestar contas." (HB 4:12–13, NVI, acréscimos do autor)

A Palavra de Deus corta todas as mentiras que acreditamos sobre Deus, nós mesmos, os outros e o mundo e nos move para a verdade. Sem essa revelação, ou não pedimos nada, ou pedimos por "motivos errados [por egoísmo ou por uma má intenção]" (TG 4:3, NVI, acréscimo do autor), ou com dúvida; "pois aquele que duvida é semelhante à onda do mar, levada e agitada pelo vento. Não pense tal homem que receberá coisa alguma [nada] do Senhor; é alguém que tem mente dividida e é instável em tudo o que faz [em tudo que pensa, sente e decide]." (TG 1:6–8, NVI, acréscimos do autor)

***

Desafiei Salim.

— Vamos orar e perguntar a Deus o que ele quer que você saiba sobre tirar a carteira de motorista. Depois, apenas ouça e escreva o que sente vindo do Senhor.

Nessa época, Salim não era um seguidor de Jesus, mas tinha uma profunda reverência a Deus e à oração. Assim como Cornélio, o centurião romano de Atos 10, Salim, um muçulmano, quis conhecer a verdade de Jesus e do reino de Deus.

Depois de vários minutos que pareceram uma eternidade, Salim escreveu em seu diário: "Estou com medo. Sou um fracasso. Sou uma decepção."

Não é interessante que as primeiras palavras que Deus comunicou a Salim quando perguntou o que Deus queria que ele soubesse a respeito de tirar uma carteira de motorista fossem palavras tão profundas e cortantes a respeito do que Salim acreditava sobre si mesmo?

Não é possível conhecer a Deus de forma profunda a partir de uma identidade falsa. Simplesmente não é. O desejo de Satanás, quer você acredite nele ou não, é que você viva uma vida de suposições, na maioria das vezes erradas, sobre quem você é, quem é Deus e quem é o seu próximo. Você acaba adivinhando o caminho conforme vive e faz o melhor que pode. Essa é uma forma de viver — é como a maioria das pessoas vive —, mas não é muito boa. Você pode sobreviver com essa estratégia, mas não vai prosperar.

Existe, no entanto, um modo alternativo de saber, no qual você pode conhecer em um nível muito mais elevado as coisas deste mundo e além dele. Você pode tomar decisões no presente, sabendo mais do que consegue ver neste exato momento. É isso que Jesus ensina.

Deus começa com a identidade: "E lhe chamarão Emanuel, que significa 'Deus conosco'." (MT 1:23, NVI)

Em sua humanidade, Jesus recebeu sua identidade do Pai e só agiu conforme a vontade de Deus: "Pai, se queres, afasta de mim este cálice; contudo, não seja feita a minha vontade, mas a tua." (LC 22:42, NVI) Simultaneamente, no mistério da divindade de Jesus, ele "é o resplendor da glória de Deus e a expressão exata do seu ser, sustentando todas as coisas por sua palavra poderosa. Depois de ter realizado a purificação dos pecados, Ele se assentou à direita da Majestade nas alturas." (HB 1:3, NVI)

Na carta de Paulo aos colossenses, ele fala de Jesus deste modo: "Ele é a imagem do Deus invisível, o primogênito de toda a criação." (CL 1:15, NVI)

Em Jesus, as naturezas humana e divina, embora sempre distintas, estão unidas em uma só pessoa pela união hipostática.[11] O que isso significa para nós, que somos criados à imagem de Deus, é impressionante e de tirar o fôlego.

Por um lado, como já discutimos, vemos Jesus, em sua humanidade, obtendo sabedoria e direção do Pai por meio do relacionamento dialógico. Nós, enquanto humanos, também podemos engajar nesse mesmo relacionamento dialógico, resultando em nossa transformação.

Por outro lado, e essa é uma verdade desconcertante, Jesus em sua divindade é o Deus encarnado interagindo com a humanidade. Jesus diz isso de forma simples e direta quando Filipe lhe pede que mostre o Pai: "Você não me conhece, Filipe, mesmo depois de eu ter estado com vocês durante tanto tempo? Quem me vê, vê o Pai. Como você pode dizer: 'Mostra-nos o Pai'?" (JO 14:9, NVI)

Você consegue entender? Por meio da vida de Jesus, essencialmente vemos Deus caminhar e conversar com seres humanos em todo tipo de situação. Na verdade, Jesus é a lente pela qual devemos ver *todas* as Escrituras. De acordo com o grande reformador Martinho Lutero: "As Escrituras devem ser compreendidas em favor de Cristo, não contra Ele. Por esse motivo, ou elas devem fazer referência a Ele, ou não devem ser consideradas verdadeiras Escrituras."[12] Com esse entendimento do Novo Testamento, Lutero, como muitos outros intérpretes na igreja primitiva, compreendeu as aparições do Deus de Israel no Velho Testamento como aparições do Filho.[13]

> Segue-se que, de forma convincente e incontroversa, o Deus que guiou os filhos de Israel do Egito através do Mar Vermelho, que os guiou através da natureza selvagem tendo por recurso uma coluna de nuvens e uma coluna de fogo, que os alimentou com o pão do céu, que fez todos os milagres registrados por Moisés em seus livros, mais uma vez, aquele que os reuniu na terra de Canaã e ali lhes deu reis e sacerdotes e tudo o mais, é o exato mesmo Deus e nenhum outro senão Jesus de Nazaré, o Filho da Virgem Maria, a quem nós cristãos chamamos de nosso Senhor e Deus.
>
> Do mesmo modo, foi Ele quem deu a Moisés os Dez Mandamentos no Monte Sinai, dizendo (EX 20:2-3): "Eu sou o Senhor, o teu Deus, que te tirou do Egito, da terra da escravidão. Não terás outros deuses além de mim." Sim, Jesus de Nazaré, que morreu por nós na cruz, é o Deus que diz no primeiro mandamento: "Eu, o Senhor, sou teu Deus."[14]

Fazer o quê? Está falando comigo?

Do início ao fim, as Escrituras são repletas de conversas entre o Criador e sua criação. De Adão no Gênesis ao apóstolo João no livro do Apocalipse, Deus fala com a humanidade. Vamos dar uma olhada em três exemplos e ver como Deus pode interagir com Salim em sua jornada por uma carteira de motorista.

A maior parte dos cristãos está familiarizada com a história de Moisés e de seu encontro com a Palavra encarnada na forma da sarça ardente descrita em Êxodo 3. Nesse intercâmbio dialógico, que é iniciado por Deus, entre o humano e o divino, Deus fala a verdade a respeito de Sua identidade — EU SOU QUEM EU SOU[15] — a Moisés e o chama para a verdade de quem Moisés é: aquele que será enviado para tirar Israel do Egito. As Escrituras nos dizem que Deus falou face a face com Moisés, da forma como falaríamos a um amigo.[16]

Se tivéssemos encontrado Moisés um dia (ou até mesmo uma hora) antes de sua conversa com o Divino e lhe perguntássemos sobre sua identidade, talvez ele tivesse respondido que era pastor de ovelhas. Se realmente acreditasse nisso, ele poderia ter confessado que era um criminoso fugitivo, procurado no Egito por assassinato. Note, porém, que, quando Deus fala a Moises, Ele não o chama pelos nomes que seus acusadores empregariam para falar dele. Quando Moisés pergunta "Quem sou eu para apresentar-me" (v. 11, NVI), a resposta de Deus é uma promessa e uma benção: "Eu estarei com você." (v. 12, NVI) Até mesmo quando Moisés chega a uma confissão mais profunda sobre como ele vê seu eu *real*, sobre não ser muito bom com as palavras e ter uma tendência a perder a fala, o que pode levar as pessoas a não acreditarem nele ou não o ouvirem, Deus lhe dá a sabedoria para prosseguir. Perceba, porém, que as palavras que Deus diz a Moisés atingem fundo as profundezas do que Moisés acredita a respeito de Deus, de si mesmo, de seu povo, do mundo dos egípcios e muito além. Por fim, uma vez o medo plenamente exposto pelo Deus que fala iniciador, encarnado e doador de sabedoria, Moisés precisa fazer uma escolha: obedecer ou desobedecer, dizer sim ou não.

É importante entender o significado da palavra hebraica *sh'ma* (שְׁמַע), título de uma das orações mais sagradas do judaísmo, encontrada em Deuteronômio 6:4-9. Judeus devotos esperam morrer com as palavras da Shemá nos lábios. Em Deuteronômio 6:4, a palavra *sh'ma* é traduzida como "ouça", e está correto. Contudo, a palavra *sh'ma* também pode ser traduzida para *obedecer*, o que pode levar à ideia de seguir uma lista de regras e normas codificadas que se distanciam de um relacionamento de vida e de diálogo com o Deus que fala.

Não há nenhuma palavra hebraica que signifique "obedecer"; também não há uma palavra em inglês para שמע. Embora esse verbo hebraico seja frequentemente traduzido como "ouvir", significa muito mais do que apenas ouvir ou escutar; significa "ouvir e responder apropriadamente". Quando a Bíblia diz que Moisés "ouviu" a palavra YHWH, significa que ele o ouviu e agiu conforme o que tinha ouvido. Quando a Bíblia diz que YHWH "ouve" as pessoas, significa que ele as ouve e então age conforme o que ouve.[17]

Então, quando falarmos de obedecer a Deus, pensemos além de seguir regras, a fim de ouvir a Deus e responder de maneira apropriada. É claro que, se não estivermos ouvindo a Deus, será difícil responder apropriadamente.

Moisés ouve a Deus e lhe faz perguntas, mas, por fim, responde com "Ah Senhor! Peço-te que envies outra pessoa". (EX 4:13, NVI)

Entenda isso, leitor! O Deus de Abraão, de Isaque e de Jacó, o grande EU SOU, anuncia ao seu amigo Moisés que sua identidade é a de quem será enviado para tirar Israel da escravidão, e Moisés responde: "Envies outra pessoa."

Se pudéssemos puxar Moisés de canto por um instante e perguntar "Qual emoção está controlando seu processo de tomada de decisão neste momento?", imagino que ele responderia como a maioria de nós e diria que é o medo aterrado em vergonha. Moisés poderia ter nos lembrado de sua última tentativa fracassada de resgatar apenas um dos seus conterrâneos hebreus de um Egito opressor[18] e de seus quarenta anos no exílio como um assassino. Ele saiu de uma posição de poder e autoridade no maior reino da época para se tornar um pastor de ovelhas no "outro lado [literalmente, a parte *depois da parte seguinte*[19]] do deserto". (EX 3:1, NVI) E agora ele deveria libertar a nação inteira? Seja realista!

Só que Deus não está oferecendo essa anunciação de convite a Moisés para que ele seja realista, e sim para que seja verdadeiro! Jesus diz: "Se vocês permanecem comigo, vivendo o que eu ensino, sem dúvida são meus discípulos. Então, irão experimentar a verdade, e a verdade vai libertá-los." (JO 8:32, MSG)

Moisés de fato cometeu um erro ao se mudar com o seu povo sem antes pedir sabedoria a Deus. O erro real teve consequências reais que não podem ser negadas nem ignoradas.

Mas esse erro não roubou a identidade dada por Deus a Moisés e a substituiu por uma de fracasso e vergonha. A aparição e as palavras de Deus para Moisés restauraram Moisés para quem ele sempre foi: um amigo e um libertador de uma nação.

As Escrituras nos dizem que, quando Moisés ouviu e respondeu de forma inapropriada ao convite de Deus, a ira de Deus se acendeu.[20] Deus, em seu grande amor por nós, nunca tolerará que acreditemos nas mentiras constantemente oferecidas a nós por nossa carne, pelo mundo e pelo Enganador. Essas mentiras nos impedem de compreender a verdade sobre nós mesmos e, conforme vemos em Moisés, a falsa percepção de si mesmo o impede de ouvir e responder apropriadamente Àquele que o criou.

De que maneira sua falsa percepção sobre si mesmo, quaisquer que sejam os erros reais que você tenha cometido no passado, está reduzindo sua capacidade de ouvir e de responder apropriadamente ao Deus que lhe chama pelo nome e cuja Palavra está pronta para acabar com todas as mentiras em que você veio a acreditar ao seu respeito?

Apesar da resposta inadequada de Moisés, Deus, em sua bondade, sugere o irmão mais velho de Moisés, Arão, como a pessoa para caminhar ao seu lado em sua desafiadora tarefa. Moisés ouve as palavras de Deus e responde de modo apropriado.

Em sua obra *O desespero humano: Doença até a morte*, o filósofo dinamarquês Søren Kierkegaard explica que a forma mais comum de desespero humano é não ser quem você é.[21] Pense na trágica autoidentificação de uma geração de israelitas, que testemunhou a miraculosa presença e provisão de

Deus sob a liderança de Moisés, quando viram com medo os habitantes da terra prometida a eles por Deus: "(...) diante de quem *parecíamos* gafanhotos, a nós e a eles." (NM 13:33, NVI, grifo do autor)

Em Juízes 6, vemos um diálogo comparável ao que ocorreu entre Moisés e Deus no encontro entre o anjo do Senhor e um jovem muito cauteloso chamado Gideão. Assim como no caso de Moisés, Gideão e seu povo se encontram no degrau mais baixo de um mundo comprometido em subir a escada do poder e das aquisições à custa de todos os menos afortunados. Em resultado a sete anos de pilhagem pelos midianitas, os israelitas empobrecidos (humilhados) clamam ao Senhor por ajuda. Curiosamente, em resposta ao seu clamor, Deus primeiro envia um profeta ao povo. Então, o anjo do Senhor aparece a um fazendeiro covarde que debulhava trigo em uma caverna por medo dos midianitas saqueadores.

Assim como na conversa com Moisés, o anjo do Senhor inicia o encontro com Gideão e anuncia duas verdades que Gideão está pronto para refutar. As palavras ditas penetraram fundo nas crenças errôneas de Gideão a respeito de Deus, de si mesmo e do mundo ao seu redor.

Em primeiro lugar, Gideão é informado de que Jeová, que significa "Aquele que existe", está com ele (v. 12). A resposta de Gideão é, na verdade, "Deus pode ter estado conosco nos dias de outrora, mas nos abandonou hoje".

Em segundo, Gideão é informado de que sua identidade em Deus é a de um "poderoso guerreiro" (v. 12) e que já possui a enorme força necessária para libertar Israel das garras de seus inimigos. A resposta de Gideão para essa informação é "Meu clã é o menos importante de Manassés, e eu sou o menor da minha família". (v. 15)

Assim como foi com Moisés, o Deus amoroso que fala anseia por mover Gideão da falsidade para a verdade, da mentira do abandono para a verdade do EU ESTOU com você e EU ESTOU o enviando em sua verdadeira identidade como o poderoso guerreiro destinado a libertar seu povo. Conforme escreve David Benner: "Não podemos encontrar nosso verdadeiro eu procurando-o. Em vez disso, nós o encontramos quando procuramos por Deus."[22]

Gideão, por sua parte, ouve as palavras de Deus e responde da forma apropriada. Ele o faz com medo e apreensão, mas tudo bem; é um processo.

O autor de Hebreus nos diz que "nestes últimos dias" Deus "falou-nos por meio do Filho, a quem constituiu herdeiro de todas as coisas e por meio de quem fez o universo". (1:2, NVI) Com isso em mente, vamos pensar em uma conversa com o Filho Criador do Evangelho de João.

Venha vê-lo!

Em João 4, há um notável relato de um encontro de Jesus com uma mulher samaritana em uma cidade chamada Sicar, na Samaria. Ao meio-dia, ela tinha ido sozinha tirar água de um poço famoso localizado em um terreno que, segundo a tradição, o patriarca Jacó deu ao seu filho José. O diálogo que se deu, iniciado pela própria Palavra encarnada com a ordem "Dê-me um pouco de água" (v. 7, NVI), é descrita por Santo Agostinho como "cheia de mistérios e fértil de sacramentos".[23]

Para nossos propósitos, no entanto, vamos nos concentrar nas palavras de Jesus em relação ao compartilhamento de sabedoria com essa mulher singular e ao efeito que essas palavras têm ao eliminar as falsas crenças que ela tem a respeito de Deus, de si mesma e do mundo ao seu redor.

Os judeus e os samaritanos compartilham uma história longa e conflituosa.[24] Entendemos algo sobre a visão de mundo dessa mulher quando ela responde ao pedido de Jesus por água: "Como o senhor, sendo judeu, pede a mim, uma samaritana, água para beber? (Pois os judeus não se dão bem com os samaritanos.)" (v. 9, NVI)

Qualquer que seja a emoção que essa mulher esteja sentindo nesse momento — e imagino que seja uma mistura de insulto e curiosidade —, ela deixa claro que entende de categorias culturais e que essas categorias não se misturam. Por algum motivo, essa mulher não se mistura com outras mulheres nem quando vai tirar água de um poço comunitário. Ela, como muitos de nós hoje, existe em uma visão de mundo apartada, baseada em escassez, e consequentemente comprometida com uma vida de autoproteção.

Nós separamos as pessoas em categorias? A palavra *categoria* vem do grego *kategoros*, que significa "acusar". Apocalipse 12:10 chama Satanás de "o acusador dos nossos irmãos". Nós categorizamos as pessoas em vez de afirmar a beleza e a singularidade da Criação de Deus?

Assim como aconteceu com Moisés e Gideão, o desejo do Senhor aqui é conduzir essa mulher à "imagem de Deus" à verdade de quem ela é por meio da revelação da verdade de quem ele é, para que ela possa libertar seu povo de uma vida de escravidão. Ele consegue isso ao atingir fundo o medo, a culpa e a vergonha dela: "Se você conhecesse o dom de Deus e quem lhe está pedindo água, você lhe teria pedido e Ele lhe teria dado água viva." (JO 4:10)

Embora Jesus tenha iniciado essa conversa pedindo que a mulher o servisse (o que ela não faz), Ele rompe a convenção cultural ao não responder à distinção de categorias evocada pela mulher; em vez disso, se oferece para servi-la. Por que Jesus faz isso? Porque "o Filho do Homem não veio para ser servido, mas para servir e dar a sua vida para salvar muita gente". (MT 20:28, NTLH)

Quão sobrenatural é essa ideia? O rei veio para servir à humanidade. Ele veio para servir a você.

Pare por um momento e visualize Jesus diante de você, oferecendo-se para servi-lo. Você permitiria? Ou seria como Pedro, que, quando Jesus se ofereceu para lavar seus pés, recusou: "Não; nunca lavarás os meus pés." (JO 13:8, NVI)

A resposta de Jesus para Pedro é brutal: "Se eu não os lavar, você não terá parte comigo." (JO 13:8, NVI)

Em quais aspectos você está se recusando a permitir que o Senhor lhe sirva? Devemos ser recipientes dispostos a tudo que Deus tem para nós. Se não queremos ou não recebemos do Senhor, não poderemos ter parte com ele em tudo que ele tem para nós. Além disso, o serviço de Jesus para conosco tem como objetivo voltarmos e servirmos aos outros: "Pois bem, se eu, sendo Senhor e Mestre de vocês, lavei-lhes os pés, vocês também devem [é seu dever, você tem a obrigação, é o que lhe cabe] lavar os pés uns dos outros. Eu lhes dei o exemplo, para que vocês façam [por sua vez] como lhes fiz." (vv. 14–15, acréscimos do autor)

Imagine se usássemos essa estratégia! Em vez de entrar em uma situação religiosa, cultural, ética e politicamente tensa e tentar sobrepujar e subjugar nossos inimigos, nós nos humilhamos no papel de servos e oferecemos nossa vida para o bem deles. O apóstolo Paulo coloca nestas palavras: "Porque, embora seja livre de todos, fiz-me escravo de todos, para ganhar o maior número possível de pessoas [para Cristo]." (1COR 9:19, NVI, acréscimo do autor)

A mulher samaritana está sendo guiada a um nível de sabedoria e conhecimento que nunca havia experimentado, e tem dificuldade para acompanhar. Ela se pergunta como Jesus pode servi-la sem um balde e se pergunta ainda se Jesus se considera maior do que seu ancestral Jacó.[25]

Mas Jesus continua a conduzi-la por um nível mais elevado de entendimento: "Quem beber desta água terá sede outra vez, mas quem beber da água que eu lhe der nunca mais terá sede. Pelo contrário, a água que eu lhe der se tornará nele uma fonte de água [satisfazendo sua sede por Deus] a jorrar [fluindo continuamente, borbulhando nele] para a vida eterna" (JO 4:13–14, NVI, acréscimo do autor).

Acho fascinante notar aqui que o povo samaritano ansiava pela vinda de Jesus[26] e que o Messias fosse associado à "água viva". Veja os textos samaritanos a seguir, conhecidos da época de Jesus:

> *Há um poço de água viva*
> *escavado por um Profeta cujo semelhante não surgiu desde Adão*
> *e a água que há dentro dele vem da boca de Deus.*
> *Permita-nos comer do fruto que vem desse jardim*
> *e permita-nos beber das águas que vêm desse poço.*[27]

Nas profundezas de uma abundante primavera está a vida do mundo.
Permita-nos crescer em entendimento para beber de suas águas!
Estamos sedentos das águas da vida.[28]

Independentemente de esses textos terem sido conhecidos ou não pela mulher, ela implora a Jesus "Senhor, dê-me dessa água, para que eu não tenha mais sede" (v. 15), ao que Jesus lhe manda buscar seu marido.

Ah, não. O quê? Jesus não vai simplesmente dar a ela algumas palavras mágicas ou afogá-la com água de outro mundo? Não. Ele a está guiando para *toda* a verdade, para que ela possa ser completamente livre. Jesus é a luz que ilumina todas as áreas sombrias e ocultas de nossa vida que nos impedem de ouvir, conhecer e receber dele em plenitude.

Ela faz uma tentativa de falar a verdade ou se confessar, dizendo "Não tenho marido", o que Jesus confirma, mas então ele atinge a escuridão dela com toda luz da verdade: "Você falou corretamente, dizendo que não tem marido. O fato é que você já teve cinco; e o homem com quem agora vive não é seu marido. O que você acabou de dizer é verdade." (vv. 17-18)

Amo como a verdade é dita mais rapidamente quando a mulher não tem mais nada para esconder sobre si mesma. Ela agora tem a liberdade para questionar um profeta judeu, já que o profeta judeu está se oferecendo para servi-la, mesmo sabendo tudo o que há de mais perigoso nela. Agora ela pode questionar as categorias!

Proponho uma paráfrase de como a conversa continua: "Agora que entendi que você é um profeta que fala de água viva, e ainda por cima um judeu, e não parece ver problema em se aventurar na Samaria para conversar com uma mulher em uma situação como a minha, deixe-me lhe fazer uma pergunta que tem dividido judeus e samaritanos há gerações." Ela respira fundo enquanto Jesus espera com toda a paciência. "Nossos teólogos especialistas ensinam que o único lugar legítimo para adorar a Deus é o Monte Gerizim, enquanto o seu povo diz que Jerusalém é o único local verdadeiro para a adoração. Quem está certo?"

Jesus, o reconciliador da humanidade, sorri e explica: "Vai chegar um tempo em que o local de adoração não causará tantos conflitos, porque o local não mais será importante. Até aqui, seu povo não entendeu completamente o que vocês adoram, e é por isso que estou tão feliz por estar conversando com você. Meu povo, sim, tem um entendimento daquilo que adoramos, porque a salvação do mundo virá do povo judeu." Jesus faz uma pausa para que ela pense em suas palavras. "No entanto", ele continua, "chegou o tempo em que os verdadeiros adoradores, sem categorias, adorarão ao Pai em espírito e em verdade, porque Deus é Espírito e busca aqueles que vão adorá-lo em espírito e em verdade."

Quão belas essas palavras são para uma pessoa e um mundo desanimados e desconectados?

Talvez as palavras e ações de Jesus lembrem a mulher da esperança samaritana pelo *Taheb* (o Messias), "o Restaurador que retornará",[29] mencionado na literatura samaritana e na versão samaritana da Torá.

Ela diz a Jesus: "Eu sei que o Messias (chamado Cristo) está para vir. Quando ele vier, explicará tudo para nós." (v. 25)

Ah, agora ela está pronta! Veja com que beleza Jesus atravessou todas as barreiras para adentrar seu mundo solitário e isolado para servi-la. Veja como ele a conduziu, com ternura, à revelação da verdade, libertando-a para colocar em palavras os questionamentos que podem ter perturbado a mente dela por anos. Veja como as palavras de sabedoria de Jesus cortaram as mentiras, permitindo que essa mulher se tornasse quem ela de fato é.

Imagine quão surpresa, exultante, chocada e aliviada essa incrível mulher ficou diante da anunciação de Jesus: "Eu sou o Messias! Eu, que estou falando com você." (v. 26)

O Messias veio para reconciliar judeus e samaritanos, homens e mulheres no amor do Pai, que busca aqueles que vão adorá-lo em espírito e em verdade.

Como nos exemplos de Moisés e de Gideão, a mulher ouve as palavras do Messias e responde apropriadamente. Sem mais querer viver uma vida de isolamento e separação, ela corre para a cidade e fala para as pessoas: "Venham ver um homem que me disse tudo o que tenho feito. Será que ele não é o Cristo? [Será que esse não é o Messias, o Ungido?]." (v. 29, acréscimo do autor)

No decorrer de uma tarde com a Palavra encarnada, uma mulher presa em uma vida sufocante de afastamento e desânimo se torna uma pessoa de influência, cujo testemunho corajoso leva uma cidade inteira — de pessoas que bem poderiam tê-la maltratado — à fé em Cristo.

Hoje, a imagem dessa mulher está pintada na parede do Museu Samaritano no Monte Gerizim. Ela não apenas é celebrada nas Escrituras como também é honrada e lembrada desde esse dia em sua terra natal.[30]

Por quê? Porque ela permitiu que o Rei a servisse, conduzindo-a de sua falsa identidade para sua verdadeira identidade no reino de Deus.

Como está sua tarde?

O gato no chapéu

Meu amigo muçulmano Salim olhou para mim com a testa franzida.

— O que Deus quer que eu saiba a respeito de achar que sou uma decepção e um fracasso?

— Acho que Deus quer que você saiba o verdadeiro obstáculo para tirar a carteira de motorista — respondi. — Não são as políticas injustas do governo. Deus pode superar qualquer obstáculo. O que Deus não fará é conduzi-lo em um falso senso ou crença de quem você é e de quem Ele é. E Ele quer que você ame as pessoas que trabalham no escritório do governo, independentemente de elas lhe concederem ou não uma carteira de motorista.

Salim concordou em fazer um exercício espiritual. Ele dedicou cada dia a confessar sua crença errônea de que era um fracasso e uma decepção da vida, pedindo a *Al-Masih* (em árabe, o "Messias") que lhe arrancasse a falsa identidade e pedindo a Deus que falasse com ele por meio do *Ruh Al-Qudus* (o "Espírito Santo") sobre sua identidade.

Depois de várias semanas, Salim me confessou que sua identidade como um fracasso e uma decepção vinha de seu desempenho ruim na universidade. No entanto, quando ele apresentou esse falso senso de si mesmo ao Messias, sentiu as palavras *intelectual* e *acadêmico* vindas do Espírito Santo.

Lemos as Escrituras para ajudar a confirmar o processo de ouvir a Deus e de receber nossa identidade Dele. A Bíblia se tornou mais viva para Salim, pois as palavras que Deus falava para ele através do texto e do Espírito trouxeram luz para os medos e inseguranças profundos de seu coração.

Certo dia, Salim me disse:

— Vamos perguntar a Deus sobre a minha carteira de motorista.

Com seu diário de escuta pronto, Salim pediu sabedoria a Deus: "Tudo o que o Senhor disser, eu ouvirei e responderei."

Muito rapidamente, Salim escreveu em seu diário: "Não tenha medo. Vá para a fila do departamento de licenças. O EU SOU está com você."

— Isso me soa como algo que Deus diria — comentei, encorajando-o.

Na manhã seguinte, bem cedo, Salim foi para a fila. Depois de seis horas, um policial chamou o nome dele. Salim pediu forças a Deus, aproximou-se do oficial e lhe estendeu seu documento de identidade, esperando que o oficial — um membro da maioria étnica no poder e inimigo do povo de Salim — prontamente recusasse sua solicitação. Para sua surpresa, o policial ordenou a Salim que entrasse no carro para o teste de direção.

Nesse momento, Salim estava apavorado, pois era um motorista muito inexperiente e nunca havia se sentado tão perto de uma pessoa cujo povo havia feito tanto para destruir a família e o povo de Salim. Aquele policial era seu pior inimigo.

— Dirija — instruiu o policial, e Salim ficou grato por sentir com força a presença de Deus no veículo. "Ame seu inimigo", as palavras do Messias lhe sussurraram. "Faça o bem àqueles que o odeiam." Salim dirigiu, ficando mais tranquilo a cada minuto.

Então, viu o gato.

O gato, machucado no acostamento da avenida, aparentemente havia sido atropelado por um carro. Salim sentiu com muita força que o Senhor queria que ele parasse e ajudasse o gato.

"Não posso", sussurrou ele para Deus. "O policial vai ficar irritado e vai me reprovar."

Salim parou o carro no semáforo vermelho, mas não conseguiu conter as palavras que saíram de sua boca.

— Senhor, acho que que deveríamos voltar e ajudar o gato ferido.

— Por que você se importa com um gato de rua? — retrucou o policial.

— Acredito que Deus quer que ajudemos o animal ferido. — Salim estremeceu ao ouvir as próprias palavras. — Deus também ama os gatos.

— Bem, se seu Deus está lhe mandando dar a volta — o policial bufou —, é melhor obedecer.

Salim engatou o carro em um retorno autorizado e voltou até o gato ferido, mas ainda vivo. Salim e o policial ficaram em pé, encarando o gato por um momento, até que o policial perguntou:

— O que vamos fazer?

— O senhor tem uma caixa ou algo do tipo no porta-malas do carro? — perguntou Salim.

— Tenho um cobertor. Podemos deitar o gato em um cobertor e levá-lo ao veterinário.

— Parece uma boa ideia, senhor — concordou Salim.

— Mas como pegamos o gato? Não quero tocá-lo com as mãos — disse o policial.

Salim pediu sabedoria a Deus.

— Podemos usar seu chapéu?

— O quê? — disse o policial, incrédulo.

— Seu chapéu. Podemos pôr o gato no seu chapéu e deitá-lo no cobertor no porta-malas do seu carro? Eu limpo seu chapéu depois. Tenho um primo que trabalha em uma lavanderia. Muitos conhecidos meus trabalham em lavanderias porque, sem carteira de motorista, não conseguimos bons empregos. Vou deixar seu chapéu limpo para o senhor.

— Você vai limpar meu chapéu de polícia?

— Vou deixar mais limpo do que jamais esteve. Vamos salvar o gato.

Salim e o policial se ajoelharam e, juntos, conseguiram colocar o gato esquelético no chapéu do policial. Deitaram o gato com cuidado sobre o cobertor no porta-malas do carro.

Com o animal em segurança, o policial disse apressadamente a Salim:

— Você dirige. Eu mostro o caminho até o veterinário. Dirija o mais rápido que puder e ignore os semáforos. É uma emergência.

Como se estivesse em um sonho, Salim dirigiu com velocidade e segurança pela cidade, incentivado pelo seu outrora inimigo agora transformado em compatriota salvador de felinos. Reunidos em uma missão para salvar a vida de um gato abandonado, Salim e o oficial andavam juntos de um lado para o outro na sala de espera da clínica veterinária, torcendo contra todas as probabilidades que seus esforços não tivessem sido em vão. Quando o veterinário irrompeu e anunciou que o gato sobreviveria, Salim e o policial se abraçaram e comemoraram o plano bem executado.

O trajeto de volta ao local para emissão de habilitação foi menos agitado, e Salim dirigiu com mais cautela.

Ao chegar ao estacionamento, os dois saíram do veículo e o policial disse:

— Salim, você é um ótimo motorista e fico feliz em lhe conceder sua carteira de motorista. Parabéns.

Seis anos depois, em um jantar de comemoração por sua graduação com honra ao mérito em uma universidade dos Estados Unidos, Salim pediu para se dirigir aos jovens muçulmanos que estavam no evento. Quando o local ficou em silêncio, Salim tirou sua habilitação da carteira e, segurando-a de forma que todos a vissem, disse:

— Eu gostaria de lhes contar a história do verdadeiro Messias que, quando você lhe pergunta como obter uma carteira de motorista em um governo corrupto, não apenas ajuda você a dirigir como também a salvar um gato e fazer você passar a amar seu inimigo. Acima de todas as outras coisas, porém, Jesus vai convidá-lo para a verdadeira identidade que Ele lhe deu antes mesmo da fundação do mundo.

De onde vem meu socorro?

Vamos voltar ao aspirante, porém vacilante, futuro rei Davi. É evidente, em 1Samuel 30:1-6, que Davi e seus homens estão tendo um dia muito ruim. Sua cidade foi queimada, e suas esposas e seus filhos foram levados cativos pelos amalequitas. Para aumentar a aflição de Davi, seus homens, "todos... amargurados por causa de seus filhos e suas filhas", falavam em apedrejá-lo (v. 6, NVI).

Quero fazer aqui uma observação que considero instrutiva quando atravessamos tempos de trauma e dor. Note que tanto Davi quanto seus homens "choraram em alta voz alta até não terem mais forças". (v. 4) Embora tanto Davi quanto seus homens tenham chorado, note os diferentes resultados de seu choro. Os homens de Davi começaram a discutir a ideia de matá-lo, mas Davi "fortaleceu-se no Senhor seu Deus". (v. 6)

Na minha opinião, essa é a diferença entre reclamar e lamentar.

Reclamar (em hebraico, אָנַן — "murmurar; debater") tem resultados negativos, porque a reclamação está baseada na falsidade e na decepção. Normalmente, a reclamação é o resultado de uma identidade de vítima, impaciente e egocêntrica. Reclamar, em última análise, leva à morte. Em Números 11:1, vemos o que Deus pensa dos que reclamam: "Aconteceu que o povo começou a queixar-se das suas dificuldades aos ouvidos do Senhor. Quando Ele os ouviu, a sua ira acendeu-se e fogo da parte do Senhor queimou entre eles e consumiu algumas extremidades do acampamento." (NVI)

O resultado do "choro em voz alta" dos homens de Davi foi uma discussão sobre matá-lo — não havia muito dos frutos do Espírito nesse plano.

Como nossos três filhos cresceram em meio a muitas dificuldades, vivendo situações no mundo muçulmano, tínhamos três regras gerais das quais eles deveriam se lembrar:

1. Honrar todas as pessoas (1PE 2:17): sem desrespeito. Nunca.
2. Sempre falar a verdade (JO 8:32): sem falsidade. Nunca.
3. Dar graças em todas as coisas (1TS 5:18): sem reclamação. Nunca.

Aprendemos com o tempo que nenhuma outra regra era necessária.

Já lamentar (em hebraico, סָפַד — "chorar") resulta em conforto. "Bem-aventurados os que choram [lamentam]", Jesus ensina nas bem-aventuranças, "pois serão consolados". (MT 5:4) O lamento clama em verdade para a própria verdade.

Amo a maneira como Ann Voskamp, em seu livro *One Thousand Gifts* [Mil dádivas, em tradução livre], resume a diferença entre lamentar, e reclamar: "O lamento é um grito da fé em um Deus bom, um Deus que ouve nossos corações, um Deus que transfigura o feio em belo. Já a reclamação é o uivo amargo da descrença em qualquer Deus benevolente neste momento, uma desconfiança na pulsação de amor do coração do Pai."[31]

Pare por um momento e pergunte a Deus: "O que devo fazer quando estou em sofrimento? Espírito Santo, ensina-me a lamentar, e não reclamar." O resultado do "choro em voz alta" de Davi foram o encorajamento e a força no Senhor seu Deus.

Note que, tão rápido quanto Davi começou sua descida até a sombra do seu eu impostor ao procurar orientação em si mesmo,[32] ele olhou para trás, para fora de si, para Deus. Em sua poesia, com frequência Davi enfatiza onde nossos olhos deveriam estar focados. Em uma das canções de peregrinos, o salmista (tradicionalmente reconhecido em Davi) escreve:

> Olho para os montes e pergunto: De onde virá o meu socorro?
> O meu socorro vem do Senhor Deus, que fez o céu e a terra.
> Ele, o seu protetor, está sempre alerta e não deixará que você caia.
> (Salmos 121:1–3, NTLH)

Você pode lhe fazer o mesmo lembrete: *Por que você está cabisbaixo? Por que está olhando para o chão? Por que está olhando para as outras pessoas? Erga a cabeça! Olhe para cima, onde Cristo está sentado acima de todos. Ele não está abaixo de ninguém. Ele está acima de todos os seus inimigos.* Uma pessoa desamparada está sempre olhando para dentro, enquanto uma pessoa preenchida de esperança está sempre olhando para o alto e para fora. Para onde você está olhando hoje?

Em termos das Escrituras, a verdadeira identidade é recebida de Deus em comunidade através da mente intuitiva em oração. A falsificação da identidade centrada em Cristo é o individualismo radical, que é autogerado e subjetivo e apenas traz conflitos internos e externos. De modo inverso, a verdadeira identidade é a essência de quem é você, dada a você por Deus e feita para ser descoberta no relacionamento com Ele. Trata-se do "eu" que você carrega no fundo do seu ser, protegido em amor, valor e dignidade. Sua única e verdadeira identidade foi feita para abençoar o mundo.

O reino de Deus trata de receber de Deus. Deus nunca lhe dará poder para fazer algo que você não esteja disposto a fazer. Posso orar o dia inteiro: "Deus, dê-me a coragem de morrer pelo Senhor. Não vou deixar a segurança do meu bairro, mas ajude-me a ser corajoso." Mas por que Deus responderia a isso? Ou "Deus, ajude-me a confiar no Senhor em termos materiais, mas não vou sacrificar o que trabalhei tão duro para conquistar". Por que desperdiçar seu fôlego em uma oração como essa? Orações como essas são falsas.

Mas Deus está mais do que disposto a fortalecer e empoderar qualquer grão de fé. Sim, Senhor, eu acredito, ajude-me em minha falta de fé. Quando nos aproximamos do Senhor em nossa própria identidade, somos capazes de realizar mais do que pedimos ou sequer imaginamos. É inacreditável.

Pare o trânsito

Recentemente, trabalhei com um pequeno grupo de autoridades policiais federais. Eles perguntaram a Deus: "Existe alguma forma de conduzir uma força-tarefa criminal que nunca tenha sido testada?" Não é brilhante? Eu gostaria que você pudesse ver as ideias que lhes vieram à mente. Eles empenharam sua verdadeira identidade em sua profissão, ofereceram-na a Deus e disseram: "Temos medo de nunca conseguir acabar com o tráfico humano. Achamos que o Senhor pode acabar com ele, mas não sabemos como. Existe uma maneira de conduzir uma força-tarefa para acabar com o tráfico humano que nunca tenha sido pensada?"

Sabe qual foi a resposta de Deus para essa pergunta? Deus poderia ter respondido "Não que eu saiba"? Se pudesse, o ateísmo não seria uma opção? Seria. É mais divertido. É menos custoso.

No entanto, a resposta de Deus foi: "Sim, existe um jeito de acabar com o tráfico humano. Existe um jeito de fazer isso." Com quem Deus compartilharia uma resposta como essa? Com pessoas cujas identidade e intenção fossem empenhadas nessa tarefa. Faz sentido, não? Posso orar: "Deus, dê-me a resposta para o tráfico humano." Mas, se eu não estiver nas trincheiras, disposto a fazer esse trabalho conforme minha verdadeira identidade, por que a solução seria revelada a mim? Deus ergueu um grupo de pessoas apenas para isso. Elas foram resgatadas do fundo do poço por Deus e hoje vivem sem medo em sua verdadeira identidade. Suas experiências de vida contribuíram para seu desprezo pelo tráfico humano em todos os níveis. Elas estão prontas para fazer o que quer que Deus lhes mande fazer. E elas podem fazê-lo. Elas estão se reunindo e traçando uma estratégia para eliminar o tráfico humano em uma cidade. Vão começar com uma cidade e seguir a partir daí.

Quer fazer parte de um bom grupo comunitário? Faça parte de um como esse. Quer ouvir pessoas se abrirem por completo diante de Deus? Faça parte de um grupo como esse. Não é só conversa. Eles sabem o que estão fazendo com o Senhor e pedem a Ele que os guie — e Deus os guia. Quando você fizer parte de um grupo e orar em sua verdadeira identidade, verá o mover de Deus como nunca viu. Eu poderia contar histórias como essa vindas de todas as partes do mundo.

Há formas de fazer as coisas sobre as quais nunca pensamos. Todo profissional da área médica sabe que há curas que ainda não conhecemos para as doenças. Todo astrônomo, todo físico sabe que há coisas no universo ainda desconhecidas. Precisamos descobri-las. O que nos leva a pensar que já descobrimos nosso relacionamento com o Senhor? Precisamos buscá-lo. Por quê? Porque nos tornamos comissários dos mistérios de Deus![33]

Alguma pergunta?

De volta a 1Samuel 30, quando Davi e seus homens retornam para casa e descobrem que suas famílias foram levadas cativas, vemos que o rei Davi incentiva e fortalece a si mesmo "no Senhor seu Deus" (v. 6, NVI). Consequentemente, as circunstâncias começaram a mudar. Evitando uma identidade de vítima, Davi ordena a Abiatar, o sacerdote, que lhe traga o éfode[34] com o qual Davi "interrogou o Senhor" com duas perguntas significativas. A primeira é: "Devo perseguir este bando de invasores?" (v. 8, NVI) Que tipo de pergunta é essa? Você não perseguiria automaticamente os vilões se eles tivessem sequestrado sua família? Talvez. Mas o que está fresco na memória de Davi são os resultados de ter feito planos e tomado decisões com base nas próprias ideias de autopromoção e autoproteção. Ele não está disposto a cometer esse erro de novo.

A segunda pergunta que Davi faz é: "Irei alcançá-los?" (v. 8, NVI) Que pergunta maravilhosa! Por que não simplesmente perguntar a Deus sobre o sucesso da tarefa?

Qual é a resposta de Deus para o questionamento de Davi? "Tarde demais, você estragou tudo." Não, nunca será. Onde abunda o pecado, a graça é ainda mais abundante.[35]

Gostou do exemplo de Davi nessa situação? Ele lidou com um fracasso profissional e pessoal significativo com profundo lamento e direcionou seu olhar de volta a Deus. Então, na verdade de quem Deus o criou para ser, ele buscou sabedoria do Deus que fala sem reprovação e condenação.

Eis as duas estratégias e seus resultados:

1. Davi pensa em si mesmo = falsa identidade, derrota.
2. Davi pergunta a Deus = verdadeira identidade, vitória.

A diferença entre essas duas estratégias é radical. Quando estamos em determinada situação, o que devemos fazer? Não devemos dizer "Senhor Deus, faça isso e aquilo por mim...". Em vez disso, devemos perguntar: "Deus, o que o Senhor quer que eu saiba? O que quer que eu faça?"

Isso é questionar a Deus, e não dizer a Ele o que fazer. Trata-se de pedir inspiração e direção. O que Deus lhe dirá a respeito do que você sabe, você ainda não o sabe. O que Deus lhe dirá a respeito do que você faz, ainda nem lhe passou pela cabeça. É por isso que oramos.

Davi, o homem segundo o coração de Deus, experimentou o sucesso quando primeiro "perguntou a Deus". Nove vezes na Bíblia Davi pergunta ao Senhor.[36] Essa característica não é vista em nenhuma outra biografia no Velho ou no Novo Testamento.

Tenho estudado as perguntas de Davi e acho que há três perguntas principais que devemos fazer a Deus antes de tomar uma atitude.

A primeira pergunta é: *Devo ir? Devo fazer isso?*

Nós vivemos em algumas áreas de altíssimo nível de conflito. Nossas equipes eram compostas de estrangeiros e locais. Todos os dias, novas vidas estavam na mira. Para permanecer no fluxo da graça generosa de Deus em qualquer situação e acessar aquele local de perfeita paz, nós tentamos e continuamos tentando seguir o exemplo de Davi com a mesma pergunta: "Senhor, devemos ir? Devemos fazer isso?"

Alguns dos membros da nossa equipe viveram perseguições inenarráveis. Não fazemos só coisas que parecem corajosas. Tentamos ser diligentes ao primeiro perguntar a Deus: "O Senhor quer que eu fale com essa pessoa? Quer que eu vá àquele vilarejo? Quer que eu entre no carro com essas pessoas?" Não pense que Deus quer que você fale com cada uma das pessoas que encontra.

Também estamos seguindo o exemplo de Jesus. Ele não quer que apenas o imitemos. Ele nos dá um modelo de como saber. Ele podia ouvir o Pai e ver o que o Pai estava fazendo, então sabia o que fazer, para onde ir, com quem falar, com quem não falar e quando se afastar. Ele nos mostra *como saber*.

A segunda pergunta é: *Eu vou vencer?*

É aceitável perguntar a Deus se você vai vencer? O que você acha? Você é tímido demais para perguntar? Não sei se vencer é importante para você ou que corrida você está disputando. Só sei que a minha corrida eu quero vencer. E não estou dizendo que vencer significa alcançar determinada coisa. Apenas quero vencer. Você acha que Jesus veio à Terra pensando *Não tenho certeza de que quero vencer; isso poderia ser orgulho*? Ele veio para vencer. Pedro não entendeu a vitória de Jesus; é por isso que ele queria que Jesus evitasse a cruz.[37]

Talvez Pedro estivesse pensando algo como: "Jesus, sei que o Senhor está comprometido com Deus e tudo o mais, mas acho que a cruz é uma má ideia. Sou contra a ideia de nosso líder ser morto. Não sou muito fã de perseguição quando a perseguição pode ser evitada ao se tomar atitudes mais seguras. O senhor não pode só tirar os vilões do caminho e fazer nosso time vencer?"

Por acaso Jesus diz "Uau, eu amo o seu coração, Pedro! Eu amo a sua compaixão pelas pessoas que sofrem!"? Não. Jesus se voltou para Pedro e disse: "Para trás de mim, Satanás; tu és uma ofensa a mim; porque não tens gosto das coisas que são de Deus, mas das que são dos homens." (MT 16:23, James King) Pedro queria que Jesus vencesse com base em seus próprios padrões culturais. Já Jesus queria ganhar de acordo com a boa, perfeita e agradável vontade de Deus.

Acho que não percebemos a frequência com que dizemos coisas sem pensar ou sem levar em conta os elementos do reino de Deus. A verdade que Jesus está transmitindo, na realidade, é: "Pedro, se eu não morrer, você morrerá. Se eu não morrer, vocês todos irão para o inferno."

Certa vez, uma pessoa me fez uma ótima pergunta, e, enquanto discutíamos os passos seguintes, ela falou algo que é um bom exemplo do que quero dizer a respeito do pensamento errôneo de Pedro.

A pessoa com quem eu estava conversando disse:

— Sou sozinho.

Eu o interrompi. Que tipo de afirmação é essa, "sou sozinho"? É uma afirmação de identidade. Então, perguntei:

— Jesus veio até você e disse que você era sozinho? Jesus fez alguém para ser sozinho?

Não, não fez. A afirmação estava equivocada. Mas quantos de nós concordaríamos tacitamente e não falaríamos disso na maioria das reuniões cristãs? Enquanto isso, Satanás está rindo: "Minha mentira vai se infiltrar no seu grupo, e você nem mesmo vai se dar conta disso."

A solidão mata as pessoas; destrói vidas. É algo extremamente perigoso a se pensar a respeito de nós mesmos. Mas dizemos "Ah, você é sozinho, mas tudo bem" quando não está nada bem. Percebe como o inimigo é inteligente? Acreditamos em afirmações recebidas como verdadeiras, mas que são, na verdade, falsas. E nós as acolhemos e até concordamos com elas. Mas Deus não nos fez para a solidão. Ele nos criou com a capacidade de nos conectarmos em comunidades. É isso que

Ele faz. Comunidades são fortes e poderosas, e são construídas com base em relacionamentos de amor. Em uma comunidade genuína, todos em sua identidade única e verdadeira *pertencem*. Já os solitários se destroem em lugares sombrios e isolados.

Quando Davi, em sua verdadeira identidade de pastor-poeta-guerreiro-rei, questionou o Senhor, as perguntas foram “Devo ir?” e “Vou vencer?”.

Minha pergunta para o Senhor é: “Quando fizermos isso, vai dar certo?” Quero saber se o plano de Deus vai dar certo. Pergunto porque quero a certeza de que o amor perfeito Dele lançará fora todo o meu medo.

É como quando uma criança pergunta ao pai: “Pai, se eu pular na piscina, vou me afogar? Você está me dizendo para fazer isso, mas vai dar certo? Eu vou conseguir? Se eu começar a vacilar, você vai me ajudar?” A maioria dos pais vai dizer: “Sim. Venha, vai dar certo! Eu vou estar bem aqui para te ajudar. Você vai conseguir, e vai dar tudo certo!” Deus se comunica da mesma forma.

A terceira pergunta a fazer antes de agir é: *Como devo ir?*

Quando você pergunta *Devo ir?*, *Vou vencer?* e *Como devo ir?*, sua vida com Deus se torna generativa e criativa.

Um amigo em nossa comunidade estava pensando na hipótese de abrir uma vinícola. Você acha que Jesus gosta de vinícolas? Eu acho que sim. Antes de tomar uma decisão, ele dedicou um tempo a orar e fazer a Deus estas três perguntas: Devo fazer isso? Vou ser bem-sucedido? Como devo fazer?

Fazer essa terceira pergunta nesse contexto é interessante porque já existe uma fórmula consagrada para abrir uma vinícola. Há um padrão estabelecido, e esse padrão é protegido pela hierarquia das pessoas que trabalham com vinícolas. Você não pode violar o padrão. No entanto, a pergunta do meu amigo a Deus era sobre o potencial de descobrir e desenvolver uma nova maneira de abrir e administrar uma vinícola. Existe uma maneira de fazê-lo que nunca foi testada? Essa foi a pergunta dele.

Ele reuniu um pequeno grupo, e começaram a orar a esse respeito. Por fim, eles encontraram uma forma completamente disruptiva de administrar uma vinícola e tentaram. Hoje, eles têm um negócio muito bem-sucedido, que já foi aplaudido na vinicultura por sua inovação e por seu sucesso.

Deus é o Deus criador, e seu povo, criado à sua imagem, é cocriador com ele. Se você sente que Deus o está chamando para fazer determinada coisa, dedique um tempo à oração e à meditação enquanto pensa em como deveria colocá-la em prática. Da mesma forma que todos os outros? Qual seria uma nova forma de pensar e implementar essa ideia?

As Escrituras nos dizem que, quando nos apresentamos a Deus como sacrifícios vivos, santos e aceitáveis a ele, paramos de conformar nossas vidas aos padrões deste mundo e passamos a ser constantemente transformados pela renovação de nossas mentes.[38]

Lembre-se das três grandes perguntas: Devo ir? Vou vencer? Como devo ir?

Faça a grande pergunta

Vamos orar e perguntar a Deus sobre sua verdadeira identidade. Ao varrer a casa e se livrar das falsas identidades, Jesus disse que ela não deve ser deixada vazia, porque, se o fizer, o inimigo voltará com força ainda maior. Vamos ouvir a voz de Deus em nossos corações por meio do Espírito Santo. Isso não tem a ver com atenção plena nem com autoafirmação.

Fiz uma oração de identidade com um homem que por três vezes foi presidente de uma das mais ricas empresas dos Estados Unidos. Ele é seguidor de Jesus e nunca tinha pensado em fazer perguntas a Deus e então ouvir as respostas.

Antes de orarmos juntos, ele disse:

— Quero apenas que você saiba que minha empresa contrata especialistas em autoafirmação para aconselhar nossos funcionários. É assim que chegamos tão longe e fazemos tanto dinheiro. Somos especialistas em autorrealização.

— Não estou falando de autoafirmação ou autorrealização — respondi.

A atenção plena e a autoafirmação envolvem manter a casa limpa e tentar manter o inimigo do lado de fora por pura força de vontade. Pode funcionar por um momento, mas não é uma transformação duradoura que liberte uma pessoa.

— Como vai a sua vida com a autoafirmação? — perguntei.

— Bem, fiz um monte de dinheiro, mas minha família sofreu para que isso acontecesse — ele respondeu.

— Vamos tentar fazer uma faxina na casa e deixar Jesus entrar — propus, e ele concordou.

Isso transformou a vida dele de tal forma que ele me leva consigo às reuniões e diz: "Este é o meu amigo Jamie. Jamie, conte a eles o que você faz." E, antes que eu consiga começar, ele interrompe e diz: "Deixe pra lá, mostre a eles."

Ele quer que cada um de seus amigos e funcionários saiba ouvir a voz de Deus e viver em sua verdadeira identidade em Cristo. Ele está comprometido com o processo.

Compreender nossa verdadeira identidade nos dá a oportunidade de guiar outras pessoas, muitas vezes de grande influência, na compreensão de suas próprias identidades em Cristo.

Vou pedir ao Senhor que diga por qual nome Ele o chama ou como Ele se refere a você ou o vê — não um apelido, e sim sua identidade. O que quer que você sinta, veja ou ouça, escreva imediatamente. Muitas vezes, é a primeira coisa que lhe vem à mente.

Você pode perguntar: "Jamie, como vou saber se é Deus falando, e não a minha mente?" Você vai saber que é Deus falando porque o que quer que você sinta do Espírito Santo será encorajador, estará alinhado com as Escrituras e não envolverá acusação nem condenação. E o que quer que você ouça, pense ou sinta do Espírito Santo ressoará dentro de você.

Pai, obrigado por essa pessoa que me lê. Eu a abençoo em nome do Pai, do Filho e do Espírito Santo.

Pai, obrigado por sempre estar conosco. O Senhor nunca nos abandona. Nunca nos desampara. Quer o desejemos aqui, quer não, o Senhor aqui está. O Senhor é onipresente e nos ama. O Senhor nunca desiste de nós. Nunca se afasta por pura frustração. O Senhor está sempre conosco. O Senhor nunca quer que tenhamos medo. O Senhor quer que estejamos cheios de amor, de alegria, de paz, de paciência e das coisas do Espírito. Senhor, eu sei que se move em nosso meio. O senhor nos está fazendo pensar por meio de coisas sobre as quais em geral não pensaríamos. Senhor, estivemos jogados na pilha de lixo. Agora, queremos erguer nossos olhos ao Senhor. Estivemos olhando para a falsidade e agora queremos falar a verdade a esse respeito.

Senhor, limpe-nos conforme lhe entregamos essas falsas identidades. Nós as entregamos a Cristo. Na medida em que Cristo carrega nossas falsas identidades em sua própria carne, Ele troca a falsa identidade pela verdadeira. Quando Lhe entregamos nossa vergonha, Ele nos devolve honra. Quando Lhe entregamos nossa culpa, Ele nos devolve inocência. Quando Lhe entregamos o nosso medo, Ele nos devolve poder e autoridade. É uma troca feita na cruz. É por isso que a cruz é tão bela para nós. Podemos deixar nossos fardos nela, e o Senhor nos devolve a vida. Pai, assim como Lhe entregamos essas falsas identidades, e assim como estamos seguros sob a sua proteção e o seu silenciamento do inimigo e de todas as coisas falsas em nossa vida, em sua bela voz, o Senhor nos responderia com o nome ou a identidade com que nos chama? O que diz sobre nós, Senhor? Como o Senhor nos chama?

Rapidamente, escreva a primeira coisa que você ouve, vê, pensa ou sente vindo do Espírito Santo. Se não ouvir nada, não tem problema. Vamos cuidar disso depois. Por enquanto, escreva sua primeira impressão, mesmo que ela não faça sentido para você.

Como o Senhor se refere a nós, Jesus?

É assim que Jesus nos serve: Ele nos chama pelo nome. As ovelhas ouvem a voz Dele porque Ele nos chama pelo nome. Como Deus se refere a você? Mesmo que seja difícil de acreditar, apenas escreva.

Sempre que o Senhor disser algo a você, esta é a sua resposta para Ele: sim, eu recebo. Obrigado.

Agora, diga em voz alta o que você sentiu de Deus sobre sua identidade.

É importante levar em conta que o inimigo deseja participar desse processo de identidade. O inimigo, Satanás, tem uma estratégia contra você. Sua estratégia principal é deixar você alheio à verdade de sua identidade e de seu destino. Essa estratégia serve para que você viva uma vida medíocre e morra em uma falsa crença, sem nunca ter conhecido quem você é ou para que você foi criado. Essa é a estratégia principal dele.

No entanto, quando você adentrar o reino de Deus ao acolher o que Cristo fez por você e começar a se perguntar por que está ali e qual é o seu propósito, você começa a fazer perguntas sobre identidade. Você vai descobrir a sua identidade. Ou vai esbarrar em um livro sobre encontrar sua verdadeira identidade, como este. Por quê? Porque o inimigo nunca pode arrancar sua identidade de você. Ela lhe foi dada por Deus, e nenhum outro jamais poderá roubá-la.

A estratégia principal dele, porém, é que você não tenha consciência disso ou sequer se pergunte a esse respeito. A segunda maior estratégia do inimigo é que você descubra sua identidade, a qual ele trabalha para fazer você odiar. Ele trabalha para fazer você não gostar da sua identidade no reino de Deus.

Por exemplo, um cavalheiro que conheço entrega sua identidade falsa a Jesus e então pergunta: "Deus, como o Senhor me chama?" Ele sente Deus dizer: "Você é o meu consertador." Um consertador, como um reparador de coisas. Lindo.

Deus só lhe chama de uma forma que Ele usaria para se referir a si mesmo. Esse é um outro jeito de saber se vem de Deus. Ele nos chama conforme a si mesmo, como um bom pai o faz. Ele o chama por algo que o mova para a liberdade. É algo que traz ânimo, alegria e paz. Às vezes, o que Deus diz sobre nós é quase bonito demais para acreditarmos.

Ser capaz de ouvir a Deus é uma nova habilidade. É como aprender a entender o código Morse. É preciso praticar; é uma disciplina. Ou, posto de outro modo, é como sintonizar em uma frequência de rádio. Você gira o botão, mas há muitas vozes e estática e barulho demais. Então, enfim, você encontra a estação com a voz que reconhece. A frequência ressoa em seu coração, e você continua ajustando a sintonia até que a voz esteja cristalina. Você aprende a ouvir a voz de Deus acima de todas as outras.

Ouvir a voz de Deus pode ser algo novo para você. Talvez você ouça a voz dele, mas é fraca — uma voz mansa e suave. O inimigo, no entanto, ainda paira por perto, com as velhas vozes que você conhece.

Vamos voltar ao homem que sentiu Deus chamá-lo de "consertador". Ótimo, Deus está falando. Então, assim que Deus fala, outra voz se ouve. Logo reconhecemos essa outra voz porque a ouvimos a vida inteira, e somos especialistas em ouvir não apenas a voz do inimigo como também a nossa voz analítica e racional sobre a de Deus.

Esse homem ouve a palavra "consertador". Então, o pensamento que lhe vem à mente é que ele vai consertar coisas a vida toda, e a ideia o faz rejeitar a identidade de consertador. Não é brilhante? Tiro o chapéu para Satanás. Ele é diabolicamente inteligente. Tão logo quanto Deus diz "consertador",

Satanás define o que significa "consertador" e o homem rejeita essa identidade.

Como é possível saber a diferença entre as duas vozes?

Uma é positiva e a outra é negativa. O termo *consertador* na mente dele é neutro. Ele se pergunta o que "consertador" significa e sente algumas emoções negativas.

As emoções vêm de Deus. Satanás não pode criar emoções. Ele não é um criador. Não pode criar nada; apenas imita. As emoções nos foram dadas por Deus. As emoções são um mecanismo de defesa do nosso sistema límbico. Emoções negativas nos alertam de que algo está errado. Assim como a dor física nos diz que algo está fisicamente errado, as dores emocionais nos dizem que algo está emocionalmente errado. Esse é o valor das emoções negativas; elas não são nossas inimigas.

Digamos que estou pensando em largar meu emprego atual e arriscar uma mudança de carreira. Para antecipar os riscos futuros, uso minha imaginação. A maioria de nós usa a imaginação para projetar o pior cenário possível.

No exercício de imaginação do pior cenário, aceito o novo emprego, e ele é um desastre. Eu fracasso. Sou demitido. Perco minha casa, e minha esposa me abandona porque ela nem queria que eu corresse esse risco, para começo de conversa.

Meu amigo Paul Young chama isso de "antecipação do futuro". Nesse tipo de pensamento, meu sistema límbico de alerta entra em ação: medo, medo, medo. Sinto medo porque o cenário que estou imaginando é falso. Medo é outro nome para evidências falsas que parecem reais. O medo me desperta para o perigo. As emoções negativas são um convite de Deus para buscá-lo e buscar sua verdade a respeito de determinada situação.

Então, o que fazemos com as emoções negativas? Muitas vezes, tentamos enterrá-las. Dizemos "Sou cristão, não vivo pelas emoções; vivo pelos fatos". Mentira! Outros dizem "Fé não é um sentimento". A minha é. Toda situação na vida afeta nossas emoções.

As emoções, no entanto, não tomam decisões. Elas são o sistema de alerta. Quando minha mente está fixada no que é verdadeiro, minhas emoções são amor, alegria, paz, paciência, bondade, gentileza, ternura, fé e autocontrole. Mesmo que as coisas em que eu esteja pensando, como sofrimento e perseguição, possam envolver dor, ainda assim posso descansar.

No ano passado, um de nossos amigos locais em um país onde trabalhávamos foi detido e depois torturado por causa de sua fé declarada em Cristo. A polícia secreta o envolveu em plástico e o forçou a ficar em pé sob o sol, onde ele ficou desidratado. À noite, penduraram-no pelas mãos e o cortaram com lâminas de barbear. Enquanto o cortavam, os policiais ordenaram que ele renunciasse a Cristo.

Nosso amigo reportou que, toda vez que o cortavam, ele conseguia ouvir Jesus sussurrando em seu ouvido: "Eu estou na sua dor. A cada corte que lhe fazem, mais de mim você tem."

Sabe quais foram as emoções que ele sentiu nesse momento? Alegria. Paz. Porque Cristo apareceu para ele no sofrimento, e sua graça foi abundante e generosa naquele lugar.

Lemos as histórias maravilhosas da Bíblia sobre como as pessoas respondiam à perseguição e queremos que elas sejam verdadeiras, mas a maioria de nós não acredita que sejam verdadeiras de fato. "Hum, sim, estão cantando em masmorras e adorando a Deus em coliseus? Hum, ok."

Contudo, a alegria estava fluindo de nosso amigo torturado porque a mente dele estava fixada na verdade. O profeta Isaías escreveu: "Tu guardarás em perfeita paz aquele cujo propósito está firme, porque em ti confia." (IS 26:3, NVI)

Sua mente é poderosa. Se você se deitar à noite e pensar em se exercitar, sua mente fará seu corpo se preparar para o exercício. Esse é o seu poder. Sua mente acreditará no real e no irreal com a mesma rapidez, dependendo do que você decidir focar. Sua imaginação não distingue entre o real e o irreal. Se você fixar sua imaginação nas coisas de Deus, será capaz de sentir alegria independentemente do que estiver acontecendo.

Depois de cortar nosso companheiro de equipe dezenas de vezes, a polícia percebeu que o jovem estava encontrando alegria em meio à tortura. Eles disseram:

— Ou o matamos, ou o deixamos ir. O problema é que parece que ele quer que o matemos.

Chegaram a essa conclusão porque nosso amigo clamava a Jesus, pois queria vê-lo face a face. Em sofrimento, nosso amigo sentiu uma profunda alegria, mas a ideia de ver Jesus face a face encheu seus olhos de lágrimas.

"O que preciso fazer para tê-lo em minha frente e eu possa ver sua face, Jesus?", ele clamou e sentiu Jesus responder: "Você teria que voltar para casa comigo."

O que você acha que nosso amigo disse que queria fazer? Ele quis ir. Ele estava experimentando de verdade o que Paulo descreveu: "o viver é Cristo e o morrer é lucro." (FL 1:21, NVI)

E se você acreditasse dessa forma? Você seria invencível e viveria eternamente em paz.

A polícia secreta disse:

— Se o matarmos, será a maior alegria da vida dele. Deixem-no ir.

— Não! — gritou nosso companheiro de equipe. — Não!

Então, eles o soltaram.

Ele voltou a nós. Tinha vinte e cinco anos na época, um jovem muçulmano que havia se convertido a Cristo e era crente havia apenas um ano quando foi torturado. Mostre-me um cristão norte-americano de vinte e cinco anos que consiga fazer isso. E as pessoas ainda perguntavam se ele era crente de verdade. Meu Deus.

Ele ficou frustrado:

— Eu estava tão perto de ver Jesus. Eu estava quase lá, mas aí eles pararam.

E nós pensávamos *Deus, não queremos chegar tão perto. Estamos felizes aqui. Não queremos morrer.*

Um ano depois, aos vinte e seis, nosso jovem amigo muçulmano e seguidor de Jesus participou de um estudo bíblico no deserto na madrugada. Ele e seus amigos tiveram que viajar para lá à noite para encontrar um norte-americano que levou uma van cheia de cadeiras dobráveis até o deserto para liderar grupos secretos de estudos bíblicos.

O norte-americano montou um círculo de cadeiras em um local predeterminado e então esperou que os muçulmanos aparecessem na madrugada para estudar as Escrituras com ele.

Estudavam a Bíblia ao longo da madrugada e pouco antes do amanhecer oravam, se abraçavam e depois desapareciam de volta pelo deserto.

Nesta madrugada, ele está explicando um sonho recorrente que tem tido.

— Continuo sonhando que estou andando pela minha casa escura com uma lanterna tentando encontrar minha família, mas continuo cobrindo a luz com um pano, tornando-a menos forte. Acho que Deus está tentando me dizer algo, mas não entendo.

Um dos outros muçulmanos crentes lê em voz alta Mateus 5:15-16: "E, também, ninguém acende uma candeia e a coloca debaixo de uma vasilha. Pelo contrário, coloca-a no lugar apropriado, e assim ilumina a todos os que estão na casa. Assim brilhe a luz de vocês diante dos homens, para que vejam as suas boas obras e glorifiquem ao Pai de vocês, que está nos céus." (NVI)

O jovem muçulmano conclui:

— Ah, eu sei o que isso quer dizer. Preciso reunir todo o meu povo [a família estendida] e explicar Jesus para ela.

No dia seguinte, ele vai até seu tio e diz:

— Preciso reunir todo o povo, para que eu possa falar sobre como me converti à fé em Jesus.

Seu tio o alerta:

— Se eu reuni-los e você falar dessas coisas, alguém pode querer matá-lo.

Mas o jovem muçulmano está além do medo da morte. Não é que ele seja corajoso; ele é destemido.

Quatrocentas pessoas apareceram, e ele deu seu testemunho. Dois dias depois, três primos o arrastaram até o deserto e atiraram no meio das pernas dele, para envergonhá-lo e castrá-lo. Então, deixaram-no lá para morrer.

No entanto, ele não morreu. Foi encontrado por alguns pastores que o levaram a um pequeno hospital. Lá, um médico salvou a vida dele, mas lhe informou que nunca poderia ter filhos e não voltaria a andar.

Mas seu corpo se regenerou, e hoje ele pode ter filhos e anda normalmente.

Após sua recuperação, ele retornou ao seu tio e disse:

— Vamos fazer de novo. Preciso falar com eles mais uma vez. Parece que eles não entenderam o que eu quis dizer, porque interpretaram de um jeito errado.

Quando ele nos disse que queria voltar e falar ao seu povo, ficamos horrorizados. Nós o alertamos para que não fizesse isso. Nós, seus discipuladores "maduros"! Sabe por que sentimos medo? Porque não acreditamos no evangelho como ele acredita. Nunca experimentamos a presença tangível de Jesus como ele experimentou. É aí que o Senhor nos desafia.

O jovem muçulmano retorna ao seu povo e fala com todos de novo. Aqueles que atiraram nele estão sentados na primeira fileira. Ele diz:

— Parece que vocês não entenderam a minha mensagem. Eu os perdoo da mesma forma que Jesus os perdoa. Tudo bem. Não tem problema.

Então, ele continua explicando o evangelho mais uma vez.

Dois dias depois, os mesmos rapazes o sequestraram, o esfaquearam diversas vezes e o empurraram do alto de uma ravina em meio ao deserto, imaginando que ele sangraria até a morte.

Desta vez, ele foi descoberto por uma patrulha militar que fazia manobras noturnas. Eles o resgataram e perguntaram:

— O que aconteceu com você?

— Meus primos me esfaquearam.

— Por quê? — os soldados perguntaram.

— Porque encontrei Jesus.

Esses soldados muçulmanos ficam maravilhados com a história. Quando ele contou o que aconteceu na primeira vez, eles perguntaram:

— Você voltou a falar com seu povo depois que eles atiraram em você?

— Sim.

— Quem é esse Jesus de quem você está falando?

Os soldados ficaram tão comovidos com a coragem dele que partiram em busca dos primos e os prenderam.

Deixe Deus cuidar da vingança; a você cabe apenas o perdão.

Como pode esse jovem muçulmano ser tão destemido? Ele diria que é assim porque conhece o Deus que fala e conhece sua identidade no reino de Deus.

Em nosso exemplo anterior, um cavalheiro apresenta suas falsas identidades para Jesus e então pergunta "Deus, do que o senhor me chama?", ao que ele ouve "consertador". Imediatamente, vem a tentação de acreditar no inimigo, que diz: "Você não vai passar de um consertador de coisas pelo resto da sua vida." Ele rejeita a identidade de consertador porque interpreta o que acha que isso significa. Ele ouve e logo chega a conclusões com base em seu próprio conhecimento, com base em sua própria fonte do que ele acredita ser real.

Mas há um caminho melhor. Permaneça no fluxo da comunicação de Deus. Não comece a analisar e tentar descobrir. Pergunte a Deus: "Como o Senhor define a identidade de um consertador? Eu quero a sua interpretação para esse nome, não a definição do inimigo." E quando esse homem ouve a interpretação de Deus, trouxe beleza e alegria. "É Hebreus 12:2", ele me disse depois. "Eu ajudo as pessoas a se concentrarem em Jesus. Eu sou o consertador."

Quem está atribuindo significado às palavras da sua vida para você?

Quando Deus lhe chama para algo, não vá até o inimigo perguntar o que significa; você faz isso quando analisa e embarca em cenários futuros para os quais você ainda não tem a graça. Então o medo invade, e você começa a odiar e rejeitar aquilo que Deus está tentando lhe oferecer, porque está permitindo que o inimigo seja o intérprete do que Deus diz. Tome cuidado com isso. Não analise demais nem se torne introspectivo; apenas receba e continue a perguntar: "Deus, o que mais o Senhor quer que eu saiba?" E escreva. E pergunte: "Deus, quando o Senhor me vê nessa identidade, como Lhe pareço?" Sempre escreva o que você sente e compartilhe com um amigo ou um pequeno grupo de confiança.

Prometi a você que iríamos explorar a questão "E se eu não ouvir nada?" Normalmente há dois motivos pelos quais as pessoas não ouvem ou sentem nada durante os exercícios de oração.

Uma razão é o perdão. Se há alguma área da sua vida em que você esteja incapaz ou indisposto a receber o perdão de Deus, como Ele poderia falar com você a respeito de qualquer outra coisa? Deus deseja, antes de tudo, que você conheça, viva e experimente sua graça e seu perdão absolutos. O perdão é o oxigênio que você respira no reino de Deus.

As Escrituras ensinam o seguinte:

> Deus amou tanto o mundo que deu seu Filho, seu único filho, pela seguinte razão: para que ninguém precise ser condenado; para que todos, crendo Nele, possam ter vida plena e eterna. Deus não se deu ao trabalho de enviar seu Filho apenas para poder apontar um dedo acusador e dizer à humanidade como ela é má. Ele veio para ajudar, para pôr o mundo nos eixos outra vez. (JO 3:16–17, MSG).

> Agora Deus nos tem onde sempre quis. Tanto neste mundo como no próximo, Ele quis derramar sobre nós graça e bondade, em Cristo Jesus. A salvação foi ideia e obra Dele. Nossa parte em tudo isso é apenas confiar Nele o bastante para permitir que Ele aja em nossa vida. É um imenso presente de Deus! Não somos protagonistas nessa história. Se fosse o caso, andaríamos por aí nos vangloriando do que fizemos. Não! Nada fizemos, nem nos salvamos. Deus faz tudo e nos salva. (EF 2:7–9, MSG)

Se você não vive no perdão de Deus, é muito provável que o Senhor queira falar sobre essa questão da sua vida primeiro.

O perdão é como uma moeda: tem dois lados. O primeiro refere-se a você. Pergunte ao Senhor: "Há alguma área da minha vida em que eu acredite ser incapaz de experienciar o seu perdão?" Deixe o Espírito Santo revelar essa área para você e, então, conduzi-lo por um processo de libertação e restauração.

O outro lado da moeda trata dos outros, da recusa em perdoar outra pessoa. Se você for até o Senhor e quiser falar com Ele, mas se recusar a liberar perdão sobre outra pessoa, Ele não vai falar sobre mais nada com você a não ser liberar perdão às pessoas. Pensamos que Ele está em silêncio, mas simplesmente não estamos ouvindo a parte fundamental que abre o fluxo de comunicação. A falta de perdão é como um nó em uma mangueira que impede o movimento.

Mais uma vez, as Escrituras nos alertam sobre a absoluta necessidade de perdoar os outros. Jesus diz: "Se você estiver apresentando sua oferta diante do altar e ali se lembrar de que seu irmão tem algo contra você, deixe sua oferta ali, diante do altar, e vá primeiro reconciliar-se com seu irmão; depois volte e apresente sua oferta." (MT 5:23–24, NVI)

Há alguém com quem você esteja zangado e que não queira perdoar? Se houver, sua falta de perdão mantém você conectado com essa outra pessoa na forma de amarras espirituais.

Para vítimas de qualquer tipo de abuso, o perdão é fundamental. Treinamos oficiais de polícia nesse assunto para que, quando estiverem lidando com vítimas, possam ajudá-las a liberar perdão sobre o abusador. Isso não significa desculpar o agressor, que merece todas as consequências legais de sua ilegalidade, mas serve para que a vítima possa alcançar um lugar de cura e restauração o mais rápido possível. Isso é feito de forma extremamente profissional, e pode ajudar a libertar a vítima de anos de transtorno de estresse pós-traumático (TEPT), pois o oficial no local mostra à vítima como se desconectar do ofensor ao liberar perdão.

Você consegue imaginar a polícia trabalhando dessa forma? Servir e proteger, em vez de apenas impor a lei.

Trabalhamos com um oficial de polícia que era extensivamente agressivo no trabalho e, como parte de uma medida disciplinar, ele foi encaminhado para nossa equipe. Como acontece com a maioria das pessoas, sua agressividade estava enraizada no medo. Lidamos com o medo dele e depois o observamos interagir com o público. Antes do nosso treinamento, ele costumava parar um veículo e começar a acusar o motorista de violar variadas leis de trânsito. Depois do treinamento, as abordagens no trânsito se pareciam com isto:

Policial: Você está dirigindo a oitenta em uma zona de limite cinquenta e cinco. Está tudo bem com você? Está ansioso com alguma coisa? Qual é o medo que você carrega e lhe faz dirigir assim?

Motorista: O quê?

Policial: Tenho medo de que você acabe se machucando ou ferindo outra pessoa. O que está acontecendo aí dentro que está lhe fazendo dirigir assim? Você está ansioso? Com o que está preocupado? Qual é o problema? Como posso ajudá-lo?

Sabe o que os motoristas fazem nesse cenário? Eles confessam. Dizem a verdade. Quando eu era policial, as pessoas que eu parava por infrações de trânsito me contavam todo tipo de coisa a respeito da própria vida. As pessoas são sozinhas. Pessoas precisam de locais de confissão, lugares para dizer a verdade sobre seu medo, sua culpa, sua vergonha.

Por que não ensinar isso às pessoas que pagamos para nos servir e nos proteger? Precisamos de policiais que amem as pessoas.

Algumas pessoas perguntam: "Então, o que você faz? Para de dar multas?" Ah, não. Há pessoas que não querem ser servidas e protegidas. Elas tomam a multa. Mas as pessoas que querem ser servidas e protegidas, nós as servimos e as protegemos.

Problemas com o perdão — ou com a falta dele — são um primeiro bloqueio significativo para ouvir a Deus. A segunda razão pela qual as pessoas não ouvem ou sentem Deus falando durante os exercícios de oração tem a ver com a raiva. Se você está bravo com alguém, sua raiva precisa ser resolvida antes que você possa receber algo do Senhor. Não é possível ouvir Deus por meio da raiva. Ela está ligada à falta de perdão.

Raiva e falta de perdão são os dois grandes obstáculos para ouvir a Deus. Se estou orando com uma pessoa e ela responde com "Nada, nada. Não consigo ouvir ou sentir nada", eu a incentivo a relaxar, e então pergunto: "Há alguma área da sua vida na qual você sente que não tem o perdão de Deus? Há alguma área na sua vida na qual você se recusa a perdoar outra pessoa? Você está com raiva de alguém?"

Quando o problema é revelado, nós o levamos a Jesus. O Senhor quer libertar a pessoa desses problemas. Uma vez que ela está livre deles, consegue buscar a Deus em outras áreas.

Ouvir Deus falar deveria ser um acontecimento normal, diário. É preciso prática e intencionalidade. Não é mágica. E, por favor, lembre: se sou capaz de fazer isso com uma pessoa hostil no Oriente Médio, você pode fazer em qualquer lugar!

Ouvir a Deus produz paz interna que resulta em paz externa. Prestar atenção, estar atento e receber as anunciações do amor divino e da verdade resolve conflitos no seu mundo interior e, consequentemente, inunda as pessoas de todo o mundo. Você não pode dar o que não tem. Vamos concordar em parar de reagir com medo, culpa e vergonha e começar a trocar nossa realidade pela verdade de Deus, para que possamos oferecer, sem esforço e sem medo, a paz que recebemos.

PARTE 4:

AÇÃO

Visão sem ação é meramente um sonho.
Ação sem visão é só um passatempo.
Visão com ação pode mudar o mundo.
JOEL A. BARKER

Sejam praticantes da palavra.
TIAGO 1:22, NVI

Se você permanecer em Deus, estando atento e respondendo às suas anunciações, você se envolverá em ações significativas e transformadoras.

De acordo com estudiosos bíblicos, Davi tinha entre dez e quinze anos quando foi ungido rei de Israel pelo profeta Samuel.[1] 1Samuel 16:13 diz que "Samuel então apanhou o chifre cheio de óleo e o ungiu na presença de seus irmãos, e *a partir daquele dia o Espírito do Senhor apoderou-se de Davi*". (1SM 16:13, NVI, ênfase do autor)

Imagine-se como um adolescente de quinze anos que foi preenchido com o Espírito Santo e compreendeu sua identidade de Deus em Cristo. As crianças de hoje estão adquirindo sua identidade de amigos e das redes sociais, porque os pais estão adquirindo suas identidades do que fazem, do que têm e do que as pessoas pensam deles. Não é nenhuma surpresa que nossa nação esteja lidando com tais conflitos internos e externos. Nós, como nação, perdemos nosso senso de identidade e de destino.

Por volta dos dezessete anos (um aluno no início do ensino médio), preenchido com o Espírito de Deus e estabelecido em seu senso de identidade verdadeira, Davi encontra a ameaça nacional dos filisteus e seu campeão, Golias. Davi é jovem e confiante, e quer assumir o desafio que está enchendo seus conterrâneos de medo e vergonha.

Quando somos jovens, Deus ainda está construindo nossa identidade em nós. Você não precisa ser cristão; é o que Deus faz por todas as pessoas, porque Ele nos teceu no ventre de nossa mãe. Deus construiu a identidade em cada um de nós. Ele quer que entendamos nossa identidade, mas o inimigo, o mundo e a carne trabalham para apagá-la de nós. É assim que seu mundo caído funciona: substituindo a verdade pela falsidade.

Sendo um garoto nos campos, Davi aprendeu a ser um pastor. Aprendeu a escrever poesia e aprendeu a lutar contra um leão e um urso com uma funda. Seu coração se sente vivo quando ele está empenhado nessas atividades porque, com a ajuda de Deus, Davi está se tornando seu verdadeiro eu.

O resultado é que, quando ele chega à cena com Golias, está pronto para o ataque. Ele nem mesmo pergunta a Deus o que fazer. Reconhece a situação e sabe o que fazer.

Como o inimigo desafia o jovem Davi para tentar impedi-lo de descobrir que é invencível quando caminha com Deus em sua identidade? Lembre-se, o inimigo ataca a identidade!

O primeiro desafio ao senso de identidade de Davi vem *de seus próprios familiares*. Seus irmãos o acusam de ser arrogante e o lembram de que ele não é nada senão um pastor pequeno e insignificante: "Quando Eliabe, o irmão mais velho, ouviu Davi falando com os soldados, ficou muito irritado com ele e perguntou: 'Por que você veio até aqui? Com quem deixou aquelas poucas ovelhas no deserto? Sei que você é presunçoso e como seu coração é mau; você veio só para ver a batalha.'" (1SM 17:28, NVI)

Essas são acusações sérias vindas do seu irmão mais velho. Os irmãos mais velhos de Davi são soldados. São eles que estão na linha de frente, mas o acusam de ser arrogante. Por quê? O que Davi está fazendo de tão presunçoso e maligno? Talvez Eliabe já estivesse com raiva. Eis o irmão mais novo (que foi ungido na frente deles, simplesmente) desarmado, parado ali na linha de frente para os "homens reais". E ele os questiona: "O que receberá o homem que matar esse filisteu e salvar a honra de Israel? Quem é esse filisteu incircunciso para desafiar os exércitos do Deus vivo?" (v. 26, NVI)

As pessoas odeiam quando você faz esses tipos de perguntas porque são obrigadas a confessar. São forçadas a encarar a verdade: estão com medo.

Sim, temos medo de confessar nossa verdade interior.

O irmão de Davi não quer ter medo, então projeta hostilidade na pessoa que faz a pergunta. É isto que pessoas medrosas fazem: culpam os outros por seu medo.

Se atravessarmos uma situação em nossa verdadeira identidade e estivermos prestando atenção em Deus, conscientes do que está acontecendo, e pudermos ouvir o que Deus diz e saber o que fazer, as pessoas podem ficar com inveja, porque estão com medo, e medo produz vergonha.

Quando você se empenha em viver sua verdadeira identidade, a identidade para a qual você ouve Deus chamá-lo, vai enfrentar oposição. A oposição pode vir até da sua família, da sua equipe. O próprio Jesus experimentou isso.

Assim como Jesus, Davi não recebe o julgamento amaldiçoador dos outros. Com sabedoria que ultrapassa seus ouvidos jovens, ele reconhece que essas maldições vêm da falsa identidade de seu irmão, que está enraizada em medo e insegurança. Ele simplesmente rejeita a falsa identidade e continua a se mover na verdade de quem ele é. Ele perdoa seu irmão e toca sua vida.

Se eu der uma aula ou fizer uma palestra e alguém vier até mim ao final e disser "Você é o pior professor que já ouvi na vida", simplesmente não recebo. Por que deveria? Vou até Deus e pergunto: "Senhor, o que acha? O que o Senhor quer que eu saiba? O que quer que eu faça?" Eu me conecto intencional e consistentemente com Deus para ouvir sua interpretação dos acontecimentos da minha vida.

Vai por mim, Deus é um bom crítico, e é minucioso. Deus fala até dos pensamentos e das intenções do meu coração enquanto estou falando, e não apenas sobre o meu tempo e a minha entrega. Ele também fala disso, mas muito mais do meu coração. Por que eu receberia uma crítica hostil de uma pessoa brava quando tenho a crítica edificante e construtiva do Espírito Santo ao meu dispor?

Sabe por que uma pessoa suportaria uma situação como essa? Porque ela não tem a mínima noção de si mesma. Sabe por que crianças pequenas sofrem bullying? Elas não têm noção de identidade verdadeira, então permitem que outros as chamem do que quiserem.

Uma pessoa com identidade não pode ser vítima de bullying. Ela pode ser espancada e até morta, mas não pode ser vítima de bullying porque não tem medo. Crianças sofrem bullying porque não têm identidade, e adquirem sua identidade dos agentes do bullying. Isso é um problema crônico nos Estados Unidos porque o país não tem nenhuma identidade.

O que começa no coração se espalha para a cultura. Um pai ou mãe sem identidade não pode dar uma identidade a uma criança. Um professor sem identidade não pode ensinar sobre identidade em uma escola pública ou cristã. O tipo de escola não importa. O que importa é se o professor tem um senso de identidade.

Davi rejeita a falsa acusação de sua família. Não sou orgulhoso. Não é porque sou arrogante. Eu conheço a situação. Eu a reconheço e vou fazer algo a respeito dela.

O segundo desafio ao senso de identidade de Davi vem *de seu próprio líder*. O rei Saul diz a Davi: "Você não tem condições de lutar contra este filisteu; você é apenas um rapaz, e ele é um guerreiro desde a mocidade." (v. 33, NVI)

Mais uma vez, Davi simplesmente se recusa a aceitar a declaração incorreta. Ele informa a Saul que já praticou lutando contra ursos e leões e diz que esse filisteu não fará pior. O Senhor vai resgatá-lo.

Saul supõe que Davi irá para a batalha, como fazem os soldados. Seu exército não havia pensado em novas formas de lutar, então não poderiam se ajustar às novas táticas do inimigo. Davi aprendeu uma nova maneira de lutar e sabe que não perderá se lutar com sua própria identidade.

O que Saul faz? "Então Saul vestiu Davi com sua própria túnica. Colocou-lhe uma armadura e um capacete de bronze na cabeça." (1SM 17:38, NVI)

Por que você continuaria fazendo a mesma coisa de novo e de novo se não funciona? Talvez a estratégia tenha funcionado uma vez, mas perdeu a eficácia. Por que continuar repetindo compulsivamente? Essa é a definição de insanidade. Por que faríamos isso? Por que fazemos isso com Deus?

Se a rotina que você tem com Deus não funcionou, por que você se esforçaria mais ou com mais frequência? Por acaso Deus é uma deidade tribal animista que só lhe responderá se você performar os rituais e as fórmulas o suficiente? Quem quer esse Deus? Eu não quero.

Eu quero o Deus que inicia a vida e o relacionamento comigo mesmo quando não estou pedindo. Quero o Deus que me amou mesmo quando eu ainda era seu inimigo. Quero o Deus que diz a David: "Ei, deixe-me ensinar como lutar de um novo jeito, porque um dia, daqui a uns dez anos, você vai precisar de verdade. Você ainda não sabe, ainda não acreditará em mim, mas vai. Acredite em mim agora nestas coisas pequenas e aparentemente desimportantes. Aprenda a fazer o que lhe digo. Lance uma pedra naquele leão. Faça isso. Confie em mim, porque um dia isso vai fazer de você um rei. Você consegue, confie em mim."

É assim que ensinamos nossos filhos pequenos? Nós os ensinamos a viver cada dia dessa forma? A confiar na voz de Deus dessa maneira?

O rei Saul diz que Davi tem que lutar contra Golias da mesma forma que os soldados dele fazem. Mas Davi experimenta a velha armadura e diz: "Não consigo andar com isto, pois não estou acostumado." (v. 39, NVI) E retira a armadura de Saul. Então Davi pega seu cajado de pastor, escolhe cinco pedras lisas em um ribeiro e as coloca no bolso de seu saco de pastor, e com sua funda na mão se aproxima de Golias.

Davi não recebe a falsa identidade baseada na mentira de que tem que lutar como todos os outros. Ele sabe que o caminho para a vitória é lutar na verdadeira identidade recebida de Deus.

A família pode ser um obstáculo. A liderança pode ser um obstáculo. O terceiro desafio ao senso de identidade de Davi vem *do próprio inimigo*.

Golias precisa fazer Davi se aproximar. Ele precisa disso, ou não terá como ganhar. Então, como ele poderia fazer Davi sair de sua identidade e lutar na identidade de Golias? Essa é a única chance de Golias.

O raciocínio de Golias deve ter sido algo nesta linha: *não posso espantar esse menino, e, se ele for bom com essas pedras, mesmo que elas não me matem, vai doer pra burro o dia inteiro, porque nunca vou conseguir alcançá-lo. Tenho que fazê-lo se aproximar e lutar do meu jeito. Aí eu o vencerei.*

É assim que Satanás trabalha todos os dias. Ele pensa: *preciso fazer essa pessoa vir até mim em uma identidade errônea. Preciso fazê-lo vir até mim e lutar do jeito que eu quero, para que perca.*

Caímos nessa estratégia o tempo todo. Alguém corta outra pessoa no trânsito e o inimigo surge logo ali, dizendo: "Essa pessoa desrespeitou você! O que você vai fazer a respeito?" E só isso basta.

De súbito, toda a indignidade e a vergonha surgem borbulhando. "Vou fazer essa pessoa me respeitar! Vou fazê-la me ver!"

Por quê?

"Porque ninguém nunca me respeitou em toda a minha vida."

Quem não o respeitou?

"Meu pai não me respeitou. Meu irmão não me respeitou."

Nossa! Há quanto tempo você dirige por aí com essa mentira dentro de você? É isto que nos mata: identidade falsa.

Estamos aprendendo a lembrar que, em cada situação, temos uma escolha sobre como responder. Podemos dizer: "Espere um segundo. Por que estou tão bravo com isso?" Em vez de ficarmos enfurecidos e raivosos, podemos perguntar a Deus: "De onde essa hostilidade está vindo? Qual é a fonte dela? Onde isso começou na minha vida? Sonde-me, ó Deus. Como essa situação faz eu me sentir? O que o Senhor quer que eu saiba a respeito disso?"

Certa vez, em uma viagem de negócios, minha esposa ligou para o hotel. Ela me acordou para perguntar:

— Você vai jantar com um cara chamado Carl amanhã à noite?

— Sim — respondi.

— Você sabia que tem um jantar marcado com outro cara chamado Michael na mesma noite?

— Sim, eu sei. Estou indo encontrar Carl e Michael juntos.

Pensei: *Você ligou e me acordou para dizer que eu tenho um conflito de agenda?* Aquilo me deixou frustrado, mas, antes que eu dissesse qualquer coisa, perguntei a Deus: "Com o que estou frustrado? Qual é a motivação dela? Ela está tentando ajudar. Por que fiquei chateado? Estou chateado porque ela me acordou e me deixou incomodado."

Se eu orasse e pedisse a Deus, "Por favor, acorde-me à noite para conversar comigo", Deus teria dito: "Não quero incomodar você. Você fica bravo quando sua esposa faz isso. Por que eu faria o mesmo?"

Percebe a desconexão? Como eu poderia pedir a Deus que me acordasse no meio da madrugada e me desse ideias sobre a minha vida e o futuro quando nem mesmo quero que a minha esposa me acorde à noite? Eu não quero que ninguém me acorde à noite. Isso é uma confissão.

Então, pergunto a Deus: "O que é isso? Acho que sou mais importante do que minha esposa pensa que eu sou. Acho que sou mais valioso. Por que quero defender esse eu falso? Por que tenho que proteger isso?"

Quero falar a partir da minha verdadeira identidade. Eu sou um militante da paz. Eu faço a paz com ela. Não quero sair da minha identidade nesse pequeno conflito porque basta um passo em falso para perder o rumo.

Eu li um artigo que fala sobre como guaxinins enfrentam cachorros muito maiores e mais fortes que eles. O guaxinim atrai o cachorro mais agressivo para um corpo d'água e então o afoga. Uma vez que o cachorro pula na água, toda a sua força vai embora. Agora, é o guaxinim quem domina a luta. É uma história de Davi contra Golias.

Satanás diz a nós: "Essas pessoas não respeitam você. Vá atrás delas. Deus não vai fazer isso, então você tem que fazer." Esse foi o erro que Moisés cometeu.

Libertando um libertador

Moisés nunca sentiu medo do Faraó, nem um único dia. Seus pais nunca tiveram medo do Faraó. O autor de Hebreus nos diz: "Pela fé, Moisés, recém-nascido, foi escondido durante três meses por seus pais, pois estes viram que ele não era uma criança comum, e não temeram o decreto do rei [Faraó]." (11:23, NVI, acréscimo do autor) As parteiras também não tinham medo do Faraó. As Escrituras dizem que essas mulheres corajosas temiam a Deus mais do que ao Faraó.[2] Não é razoável pensar que Moisés cresceu compreendendo que, embora muitos de seus vizinhos hebreus estivessem apavorados pelas ameaças do Faraó, havia aqueles que sabiam que Deus era mais poderoso.

Foi assim que ele foi criado. Deus fez prosperar todos os conhecidos de Moisés que desafiaram o Faraó. As parteiras foram recompensadas por Deus, assim como Moisés e seus pais. Em vez de ver seu filho ser assassinado, os pais de Moisés viram seu filho crescer em meio à riqueza e ao poder, sem esquecer a verdade de sua identidade.[3] Deus quer que Moisés não tenha medo das ameaças do mundo, a fim de que possa ser treinado para o real inimigo que ele está prestes a enfrentar.

Deus não tem medo do poder do Egito. Deus usou o Egito para treinar Moisés. Por que não ser treinado pela nação mais poderosa do mundo, a fim de erguer uma nova nação ainda maior? Faz todo o sentido.

Moisés entendeu a necessidade de manter sua verdadeira identidade. Ele viu a si mesmo como um hebreu e um libertador do seu povo oprimido. Ele permanece em sua identidade, assim como Daniel, Hananias, Misael e Azarias o fariam.[4]

Esses quatro amigos famosos rejeitaram a identidade dos babilônios. Eles eram hebreus que governariam a Babilônia e não se viam como vítimas ou cativos. Em vez disso, decidiram dominar o local em um curto período de tempo e se tornar os maiores especialistas na cultura babilônica, mais que os próprios babilônios. Que idade tinham Daniel, Hananias, Misael e Azarias? Doze, treze anos? Como eram seus pais? Muitos jovens excepcionais foram levados cativos,[5] mas esses quatro permaneceram firmes. É incrível.

Certa noite, Moisés estava caminhando entre seu povo quando viu um capataz egípcio violentando um hebreu. Sua verdadeira identidade gritou diante da injustiça. Imagine o conflito espiritual de Moisés tentando decidir como reagir.

De um lado, seu verdadeiro eu poderia tê-lo encorajado a buscar a sabedoria de Deus e, talvez, conter-se até que a batalha maior, nacional, pudesse ser iniciada.

Do outro lado, seu falso eu poderia tê-lo encorajado a deixar sua raiva assumir o controle da situação, e consequentemente ele se provaria como um campeão para o povo hebreu.

Tenho certeza de que o inimigo era como o guaxinim, induzindo Moisés a se lançar em uma batalha na qual ele teria que abrir mão da força de sua posição no Egito.

Moisés morde a isca, mata o capataz egípcio e, pela primeira vez na vida, sente medo do Faraó. Ele também troca sua verdadeira identidade de um libertador do povo oprimido pela de um assassino em exílio. Moisés é efetivamente banido da liderança por quarenta anos porque seu ego falou mais alto.

É assim que o inimigo trabalha, tentando-nos a agir com raiva ou medo, sem buscar a sabedoria de Deus. O inimigo nos seduz a agir de acordo com nossa própria sabedoria e força. Então, quando tudo desmorona, ele está ali para nos acusar e nos envergonhar. A essa altura, nós estamos suscetíveis a assumir uma falsa identidade. O inimigo sussurra: "Você sabe quem você é? Eu lhe direi. Você não é nada. Lembre-se disso. Eu sei o que você faz quando acha que ninguém está vendo." É dessa forma que o inimigo fala a todo o tempo.

Todos conhecemos essa voz acusatória. Todos nós já a ouvimos em algum momento da vida. É engraçado quão fácil é ouvir o inimigo e quão difícil é ouvir o Senhor.

Mas é assim que devemos responder quando o inimigo acusa: "Deus, eu rejeito isso em nome de Jesus. Quem *o Senhor* diz que eu sou? Eu recebo quem o Senhor disser que eu sou, e declaro isso em voz alta diante de todos os reinos celestiais. Eu recebo as suas palavras de vida para mim."

Naquele quarto de hotel, quando minha esposa me acordou com sua ligação, eu disse: "Donna, vou colocá-la na espera por um minuto." Então, eu disse em voz alta: "Eu sou um militante da paz. Eu não vou entrar nessa briga provocada pelo inimigo!" Minha mulher não estava fazendo nada com más intenções; ela estava tentando ajudar. Então, voltei a Donna e disse: "Obrigado por checar minha agenda. Sei que os detalhes não são meu ponto forte. Muito obrigado por cuidar das coisas para mim. Amo você. Boa noite."

Essas pequenas batalhas são importantes. Não as minimize; elas são importantes. O inimigo sabe que você não as vê dessa forma. Preste atenção no que ele está fazendo. Pergunte a Deus: "O que o Senhor quer que eu saiba? O que quer que eu faça?" Especialmente quando as emoções negativas surgem, indicando que você acredita que a situação está errada, pergunte a Deus: "O que é isso? Qual é a fonte da minha emoção negativa? De onde ela vem? Por que me sinto indigno e com medo nessa situação? Ajude-me a me conhecer."

Dessa forma, você começará a ouvir o Senhor com mais clareza e consistência. Sabe por quê? Porque você tem a mente de Cristo. Você sabe a distância entre a sua mente e a de Deus? Zero. Não existe distância. Jesus disse que seria melhor para nós se Ele partisse para que pudesse enviar o Espírito Santo para habitar em nossos corações.[6]

Deus nunca para de se comunicar conosco; nunca. Se formos lá fora e o nascer do sol ou as montanhas nos arrancarem um "uau", foi Deus. Quando cada parte de nós se comove pela beleza e pela verdade, é Deus falando conosco. Às vezes perdemos a beleza e a verdade do reino de Deus que nos cerca. Pensamos que, se não estamos participando ativamente de alguma causa por Deus, então Ele não estará por perto.

Uma ortodoxia não ortodoxa

Meus amigos ortodoxos orientais, quando estão frustrados conosco, nos chamam de cruzadores. "Vocês estão sempre em uma cruzada contra alguma coisa." Talvez eles estejam certos. Sou um cristão norte-americano, consequentemente, preciso de uma cruzada. Não podemos simplesmente relaxar e permanecer em Cristo. Precisamos ir até o Oriente Médio e converter aqueles muçulmanos para o cristianismo. Esse é o nosso trabalho.

Meus amigos ortodoxos não entendem esse tipo de linguagem porque nunca participaram de uma cruzada. Eles não participaram das Cruzadas da Idade Média. Viveram ao lado dos muçulmanos e os conduziram a Cristo. Não queriam conquistá-los.

Quando meus amigos ortodoxos dizem que algo é o reino de Deus, geralmente estão se referindo a algo belo e verdadeiro. Um deles, pastor na Jordânia, me disse uma vez: "Sabe, Jamie, outro dia eu estava no posto de gasolina, quando um alto sacerdote dos drusos se aproximou. Ele disse algo por causa de nosso relacionamento: começou a pedir a Jesus que falasse com ele. Isso não é muito reino de Deus?"

Em primeiro lugar, ninguém tem acesso ao alto sacerdote dos drusos. Ninguém. Eles são um grupo muito reservado. É impressionante que esse humilde pastor tenha tido esse acesso tão inacreditável. Em segundo, os drusos não reconhecem Jesus como o Cristo de Deus. Então, essa declaração do alto sacerdote era impressionante.

Eu respondi com: "Isso é maravilhoso. Você vai ganhá-lo?"

Meu amigo ortodoxo disse: "Não, não, isso é o reino. É o reino se movendo. Relacionamentos não são uma causa nem uma cruzada. É o reino de Deus se movendo em toda a sua beleza. Está vendo essa flor? Ela também é o reino de Deus em movimento." Ele falou sobre uma flor da mesma forma que falou sobre o homem druso vindo a Cristo.

Isso não é o Reino? É assim que Jesus fala. O que estamos tentando fazer? Estamos tentando entrar no Reino e avançar com o Reino. Isso não é lindo? Senhor, fale comigo hoje.

Aqui está um exercício para praticar: quando você estiver preso no trânsito ou em outro lugar, apenas diga: "Senhor, lembre-me de um tempo em que eu era uma criança e o Senhor comunicava seu amor por mim, e eu ainda não tinha nem mesmo percebido isso. Lembre-me de um tempo do passado em que o Senhor estivesse falando comigo, mas eu não tenha percebido que era o Senhor."

Você ficará surpreso com as memórias que virão à sua mente. É realmente muito bonito. Você dirá: "Era o Senhor? Eu achava que era eu falando para mim mesmo. Era o Senhor? Quando eu estava organizando aqueles pequenos bonequinhos do exército e criando histórias? Era o Senhor falando comigo sobre como faríamos aquilo naquele dia? Era o Senhor?" O Senhor responderá mais ou menos assim: "Por que você acha que foi tão divertido? Porque estávamos fazendo isso juntos, só Eu e você. Eu fiz você para amar aquelas coisas."

Deus esteve presente o tempo todo. Já parou para pensar nisso? Ele esteve com você o tempo todo. Quando começa a perceber isso, você passa a viver em outro nível de entendimento.

Na sua mente, o tempo irá se transformar. O passado passa a servir como impulso para o futuro. Ele não o prende mais, não o condena. Ele o move adiante. Já não tenho mais medo das lembranças do passado. Encontro Deus comigo ali, mesmo nos momentos mais difíceis.

Tive problemas com o álcool durante boa parte da adolescência e no início da vida adulta. Lembro-me claramente da minha primeira bebida mais séria aos quinze anos — e do alívio imediato que senti diante da ansiedade que carregava naquela fase da vida. À medida que o álcool se tornava meu principal mecanismo de enfrentamento, comecei a agir de formas que depois assombrariam minha vida. As consequências das minhas ações foram reais e tive que lidar com elas, mas não precisavam carregar uma identidade de vergonha. A dra. Brené Brown define vergonha como "a sensação ou experiência intensamente dolorosa de acreditar que somos falhos e, portanto, indignos de amor e pertencimento".[7]

Por isso, a verdade de que Cristo levou minha vergonha na cruz é indescritivelmente libertadora.[8] A pergunta amorosa de Deus para mim não foi: "O que você bebeu?" ou "Quanto você bebeu?", e sim: "Por quê?" Que mentira sobre mim mesmo, sobre Deus ou sobre os outros eu estava tentando medicar com o álcool? Deus queria curar meu coração e remover a crença falsa que estava me ferindo tão profundamente.

Aprendi que a liberdade e a cura vêm por meio da confissão, ao dizer a verdade a Deus sobre o que se sente lá no fundo: "Senhor, é assim que me sinto neste momento. Sinto raiva. Sinto vergonha. Eu me sinto ferido. Ajude-me a entender de onde isso vem no meu passado. O que é isso?"

Arrependimento é pedir a Deus que revele sua verdade sobre a situação, sua interpretação de uma memória difícil quando crenças negativas sobre si mesmo e sobre a vida começaram a se formar. A memória continua sendo parte da história da sua vida. Mas lembrar-se dela com Jesus pode mudar tudo. Ele estava lá e quer que você conheça sua perspectiva. Isso é revelação, e a revelação sempre precede a transformação. Então, você saberá como agir.

Primeiro vêm a atenção, a consciência e a anunciação (o reconhecimento da verdade). Só então posso começar a fazer o que ele diz — a ação. Foi isso que Jesus nos mostrou com seu exemplo. Como Jesus sabia o que fazer e dizer? Ele podia ver e ouvir o Pai.

Como podemos ter novas ideias sobre política, religião, educação, arte, física, cultura, política externa, imigração, e assim por diante? Temos a mente de Cristo e o Espírito do Deus vivo habitando em nós. Essa é a nossa grande herança.

A diferença entre ideias vindas de Deus e aquelas vindas de pessoas que são apenas muito boas em tê-las é que as ideias de Deus transformam as pessoas envolvidas. Essas ideias e as ações que delas derivam são redentoras.

A ação começa com passos pequenos. Davi aprendeu fazendo. Quando menino, aprendeu a cuidar das ovelhas, a escrever poesia e a lançar pedras contra inimigos. Essas eram as práticas de alguém cuja identidade era pastor-poeta-guerreiro-rei.

Então, um dia, movendo-se em sua identidade e vocação, ele chegou ao campo de batalha. Ele viu a situação e reconheceu o cenário. Seu espírito saltou: "Uau, esse sou eu! Foi para isso que Deus me criou." E ele agiu depressa para entrar naquela situação. O mundo inteiro gritava: "Não! Isso é tolice. É arriscado demais. Você vai falhar."

Porém, com calma e sem drama, aos dezessete anos, Davi analisou o desafio representado por Golias e o comparou ao seu treinamento em cenários menores e menos arriscados. Decidiu que estava preparado e correu para a batalha. Percebeu isso? *Ele correu!* E derrotou o gigante em questão de minutos.

Por causa de sua coragem e fé, tanto em quem ele era quanto em quem Deus é, Davi se torna rei aos trinta anos.

Aos cinquenta e um, no entanto, Davi abandona sua verdadeira identidade para ficar em casa, jogando videogame no terraço de sua casa. Ele é pastor-poeta-guerreiro-rei, mas, quando não atua a partir dessa identidade, torna-se preguiçoso, isolado e impotente. Nesse estado, vê Bate-Seba[9] e desmorona. O inimigo pode nos atingir rápido assim. Davi fica fora de combate por dois anos. Por isso é tão importante caminhar e conversar com o Senhor todos os dias: "Deus, como o senhor me chama? Diga de novo. Quero ouvir de novo." E quando vier a dúvida: "Senhor, como o senhor me chama? O senhor não me chama disso que estou pensando. Como o senhor me vê?"

Deixe-o falar com você, e você saberá o que fazer em sua verdadeira identidade. Saberá que passos dar. Lembre-se da sequência: atenção, consciência, anunciação e, então, ação.

Se fizermos todo esse trabalho de escuta e identidade, mas não colocarmos em prática na segunda-feira de manhã, é uma perda de tempo. Antes de chegarmos ao fim desta jornada, vamos desenvolver passos concretos. Vamos perguntar ao Senhor: "Em relação à minha identidade, o que o Senhor quer que eu saiba e quer que eu faça?"

No livro de Atos, quando as pessoas recebem o dom do Espírito Santo, entram imediatamente em ação. Não correm em círculos; sabem exatamente para onde ir, com quem falar. E sabem falar a língua de quem precisam alcançar. Cada um faz o que lhe é único, de acordo com o propósito determinado por Deus.

É isso o que acontece quando estamos alinhados ao Espírito. O Espírito ativa em nós a identidade e os dons que nos são únicos. É por isso que o apóstolo Paulo nos adverte a nunca apagar ou entristecer o Espírito. Apagamos o Espírito quando deixamos de ouvir. Medo, culpa e vergonha apagam o Espírito. O medo, em particular, é o grande destruidor da mente.

Quando Deus diz para fazermos algo e sentimos medo, as partes frontais do cérebro se desligam. O mecanismo de luta, fuga ou paralisia é ativado, e nos tornamos completamente irracionais. Tudo o que conseguimos fazer é tentar nos proteger. O medo nos destrói — e talvez seja por isso que a exortação mais frequente de Deus nas Escrituras seja: "Não temas."

Podemos aprender a atravessar o medo em vez de ignorá-lo ou apenas tentar conviver com ele. Deus caminha conosco por meio dos nossos medos, de maneira gradual, até que nos tornamos corajosos mesmo diante de riscos muito altos.

Vamos mergulhar nisso e orar!

Pai, obrigado por esta pessoa que lê estas palavras. Eu a abençoo em nome do Pai, do Filho e do Espírito Santo.

Pai, obrigado por sua disposição de se comunicar conosco, por sua vontade de falar conosco, de habitar em nós, de nos mover por seu Espírito. Obrigado por isso. Senhor, temos refletido sobre a falsa identidade e sobre como nos livrar dela. Também oramos para ouvir de você sobre nossa verdadeira identidade, e, Senhor, isso tem ativado pensamentos e ideias dentro de nós. Então, Pai, pedimos, em nome de Jesus: diga agora a cada um de nós algo que desejes que façamos amanhã, para agirmos em nossa verdadeira identidade. Algo que queiras que façamos em relação à identidade verdadeira que nos deste. O que é, Senhor?

Seja o que for que você tenha sentido vindo do Senhor, anote e faça. Lembre-se: obedecer é melhor do que sacrificar. Comprometa-se a falar com quem precisa falar, a ir aonde precisa ir — seja o que for que você sentiu vindo de Deus. Apenas faça!

Outra ação importante a ser tomada é estudar aquilo que você percebeu em oração vindo do Senhor a respeito de sua identidade. Encontre na Bíblia e pesquise o uso e o significado da palavra, termo ou frase. Mergulhe nas Escrituras primeiro e descubra tudo o que puder sobre a identidade que lhe foi revelada. Estude-a ali, e depois vá além da Bíblia, lendo e aprendendo mais sobre esse tema. Estude, aprenda e cresça.

A cada dia, conforme você cresce e aprende, pergunte ao Senhor: "O que quer que eu saiba hoje para viver a minha verdadeira identidade? O que quer que eu faça?" Seu *ser*, seu verdadeiro eu, sempre informará o seu *agir*.

Lembre-se: assim como as pessoas no livro de Atos começam a viver sob a direção do Espírito de Deus, é um experimento. Elas nunca haviam experimentado algo parecido antes. Não havia livros sobre o assunto, exceto a Torá. Tudo era novo para eles.

Por exemplo, os gentios estavam aparentemente entrando no Reino de Deus sem seguir as tradições do judaísmo. O que isso significava? Eles voltavam ao Antigo Testamento, debatiam e buscavam discernimento, pois estavam experimentando.

Você também está experimentando. "Deus, isso aconteceu hoje. O que quer que eu saiba sobre isso? O que quer que eu faça?" Ou, mesmo enquanto a situação está acontecendo: "O que quer que eu saiba? O que quer que eu faça?" Isso é especialmente eficaz se você ouve Deus em comunidade, com outras pessoas que buscam o mesmo.

A fatalidade do medo

Estávamos ministrando uma aula em Bagdá, no Iraque, em 2003. Era uma época muito tensa. Vivíamos no centro de

Bagdá, sem proteção militar. Trabalhar em proximidade com os militares dos Estados Unidos fazia de você um alvo. Uma parte da nossa equipe estava em outra cidade, e foi emboscada e assassinada.

Tive que ir com o FBI identificar os corpos e depois voltar para contar ao restante da nossa equipe, e a maioria deles era formada por jovens solteiros ou recém-casados, recém-formados.

Voltei da identificação dos corpos e disse aos jovens: "Aqui estão os fatos, conforme os entendo: quatro pessoas estão mortas. Uma sobreviveu. Essa pessoa que sobreviveu foi baleada várias vezes, está em coma e foi transportada para a Alemanha. O tempo deles chegou ao fim. Agora precisamos falar sobre vocês."

Todos esses jovens eram crentes, então eu disse: "Vocês precisam tomar uma decisão sobre o que Deus quer que vocês façam, conscientes dos riscos de viver aqui. O que Deus quer que vocês saibam? E o que Ele quer que vocês façam? Essa é a pergunta."

Como eles poderiam saber qual ação tomar? Seja no meio do caos de uma zona de guerra, seja nos Estados Unidos tentando escolher com todo o conforto uma carreira, a pergunta é a mesma: "Deus, o que quer que eu saiba? E o que quer que eu faça?" É algo muito direto e, tanto quanto possível, sem drama.

Eu os alertei: "O perigo para vocês é tomarem uma decisão baseada no medo. E, uma vez que se toma uma decisão baseada no medo, viverão agindo com medo pelo resto da vida. Não façam isso. Encarem o medo. Confessem o medo. Caminhem por meio do medo com Deus, para que o medo não os domine, mas para que vocês tenham autoridade sobre ele, com perfeita paz. Façam isso antes de perguntarem o que devem fazer. Caso contrário, não pensarão com a mente inteira; apenas com a parte tomada pelo medo."

Então buscamos a direção do Senhor começando com: "Senhor, o que quer que saibamos sobre o nosso medo?"

O que você acha que mais assustava aqueles jovens? Morrer, certo? Eles tinham medo de morrer. Todos nós temos, não é? E se temos medo de morrer, isso revela algo sobre aquilo em que de fato acreditamos a respeito de Deus, certo? Significa que, no fundo, acreditamos que Deus ou não pode, ou não quer nos proteger o tempo todo. A morte de nossos colegas parecia evidência de que Deus não pode ou não quer proteger o seu povo no Iraque. Eles estão em caixões. Essa é a evidência.

No entanto, a pergunta não é: quais são os fatos? A pergunta é: o que Deus quer que eu saiba sobre esses fatos tal como estão? Não vivemos em um mundo de fantasia; é um mundo real. Essas coisas aconteceram de verdade. "Deus, o que o Senhor me diz sobre isso?"

Deus falou com cada um deles. Eu não disse o que achava que Deus diria ou deveria dizer. Apenas os alertei: não tomem decisões baseadas no medo, porque uma decisão baseada no medo leva a outra, e a outra, e, pelo resto da vida, vocês tomarão decisões guiadas pelo medo. É um ciclo difícil de reverter.

O medo é algo interessante. Dizem que uma crise não forma uma pessoa; uma crise revela quem a pessoa é. Muitas pessoas que sofrem de transtorno de estresse pós-traumático (TEPT) não estão lutando apenas por algo que aconteceu com elas no campo de batalha. Estão lutando com algo que já existia dentro delas, e que o campo de batalha apenas revelou. Já estava presente, e a crise apenas intensificou.[10]

O medo que esses jovens estavam enfrentando naquela situação não era fruto daquela situação. Eles já carregavam aquele medo consigo.

Cada um deles perguntou a Deus: "O que o Senhor quer que eu saiba sobre o medo?" Deus comunicou a cada um sobre seus medos individuais, e trabalhamos isso juntos.

Depois, perguntaram:

"O que o Senhor quer que eu faça?" E todos tiveram a mesma impressão sobre a vontade de Deus; Deus disse a cada um: *Fiquem. Quero que vocês permaneçam. Ficar aqui será a melhor coisa que já lhes aconteceu; partir será o maior erro que poderiam cometer.*

Todos ficaram.

Hoje estão com cerca de trinta e cinco anos, casados e com filhos. Dois dos casais ainda vivem no Oriente Médio até hoje e são algumas das pessoas mais extraordinárias que conheço. São destemidas.

Aqui está a nossa pergunta simples para Deus neste momento: "Deus, o que o senhor quer que eu saiba e o que o senhor quer que eu faça baseado na minha identidade?" Depois de obedecer ao que sentir que Deus comunicou, continue perguntando: "E agora, Senhor? O que o Senhor quer que eu faça agora?" Continue se movendo na sua identidade, e ela vai crescer. Deus começará a lhe dizer coisas cada vez mais profundas e transformadoras. Isso é fé. É se arriscar. Isso é transformação. É agir com base naquilo que você crê ser verdade.

Observe Jesus com os discípulos. Assim como eles, você vai tropeçar, vai cair, e Jesus o levantará, e você continuará caminhando com Ele. O único perigo é desistir.

Kairos *versus* chronos

Isso me leva a algo que quero compartilhar sobre nosso conceito de tempo.

Nas Escrituras, há dois tipos de tempo: *chronos* e *kairos*. Chronos refere-se aos minutos e segundos, o tempo como recurso mensurável. Kairos significa tempo oportuno, momento certo, ou uma estação determinada.

Vamos pensar no chronos como a nossa linha da vida e em kairos como os momentos significativos que cruzam essa linha em pontos decisivos. Por exemplo: estou caminhando pela vida, medindo meus dias, meses e anos — tempo chronos — e, aos dezessete anos, encontro Jesus. Esse encontro foi um acontecimento kairos que afetou radicalmente o resto da minha vida. Sigo adiante no chronos e conheço minha esposa. Conhecer a Donna foi outro momento kairos que mudou minha vida para sempre.

Todos nós, ao vivermos nossos dias no tempo chronos, experimentamos momentos kairos.

Eu tenho sessenta e dois anos e sigo caminhando na minha verdadeira identidade. Já experimentei muitos momentos kairos incríveis no passado, mas sei que ainda há muitos pela frente. E os que estão por vir serão ainda melhores do que os anteriores, e os anteriores já foram incríveis.

Aqui está algo interessante sobre o tempo e onde em geral pensamos errado: o tempo não se move. O tempo não passa. O tempo não é algo que você possa desperdiçar ou perder. O tempo é, simplesmente, uma medida do movimento dos objetos no espaço.

Pense no tempo chronos e kairos como na caminhada da jovem nação de Israel rumo à terra prometida por Deus. Israel levou quarenta anos, ou 14.600 dias de tempo Chronos, para viajar do Egito a Canaã, uma jornada que deveria ter durado cerca de onze dias. Então, nos 14.589 dias "desperdiçados", qual parte do momento kairos o povo de Israel perdeu? Nenhuma.

Uma geração inteira de israelitas se recusou a entrar no momento kairos, mas não o perdeu porque o momento passou. Perderam porque se recusaram a avançar em sua verdadeira identidade e, em vez disso, vaguearam por quarenta anos como gafanhotos, servindo a um deus de gafanhotos.

Aqui está a boa notícia: momentos kairos não podem e não vão passar despercebidos por você. Pode levar um dia ou setenta e cinco anos, mas você chegará a esses momentos kairos, desde que continue seguindo em sua verdadeira identidade.

Agora, a notícia triste: você tem, sim, a capacidade de deixar o medo, a culpa e a vergonha paralisarem seu avanço. Como os israelitas amedrontados, você pode dizer "não" aos momentos kairos que Deus preparou para você. Não cometa esse erro.

O tempo não é seu inimigo. Criado por Deus, o tempo é belo. O tempo é simplesmente a medida da sua caminhada rumo ao que Deus tem para você, começando hoje. O apóstolo Paulo escreve: "Se vivemos no Espírito, andemos também no Espírito." (Gálatas 5:25, NKJV)

Não importa quantos anos você tem ou se este é o primeiro dia em que você considera ouvir sua identidade ou entrar no reino de Deus: momentos kairos lhe aguardam. Jesus está aí ao seu lado dizendo: "Pronto? Vamos." Você começará a caminhar rumo aos tempos designados para você, diretamente para o reino de Deus. Essa é a beleza do seu futuro.

Você ainda não perdeu nada na sua vida, absolutamente nada. Deus diz que, se você pedir, Ele lhe devolverá os anos que os gafanhotos consumiram.[11] Peça a Deus os anos de volta.

Aqui estão alguns passos para agir:

Preste atenção a Deus. "Senhor, para onde estamos indo? Onde o Senhor está neste caminho? Senhor, como devemos seguir? O que quer que eu saiba? O que quer que eu faça?" Então comece a avançar para um objetivo ou destino.

Qual é o objetivo ou destino? Pergunte a Deus. Busque sempre a sabedoria de Deus.

As pessoas que você encontrar pelo caminho serão chaves para o seu futuro. Pessoas estranhas, pessoas inteligentes, pessoas cristãs, pessoas não cristãs — todas são importantes. Essa é a beleza do mistério do outro. Conheça a todos. Não tenha inimigos.

De covarde a conselheiro

Há algum tempo, conheci um homem chamado Jerry. Ele tinha quarenta e cinco anos. Era um homem grande e atlético que acabara de se tornar cristão.

Como novo convertido, Jerry ainda lutava contra a raiva e a violência. As experiências da vida o tornaram bastante hostil. Comecei a me encontrar com Jerry e o acompanhei em seus desafios nessa nova relação com Jesus. Perguntei sobre sua história, e ele me contou que, quando era jovem, era fisicamente maior do que as outras crianças. Seu pai e o vizinho diziam: "Você deveria jogar rúgbi." O problema era que ele não queria jogar rúgbi porque era muito sensível para um jogo tão agressivo. O rúgbi, porém, era importante para seu pai, então ele o obrigou a jogar no time júnior e depois no ensino médio.

Toda vez que ele jogava, os treinadores diziam: "Você tem que ficar bravo. Você é muito bonzinho em campo. Tem que ficar bravo." Consequentemente, ele começou a assumir essa identidade de estar bravo no campo porque não queria jogar, para começo de conversa. Mas quando ficava bravo, ele tinha sucesso e recebia muitos elogios. Ele passou pelo ensino médio, ficou muito bom no esporte e ficou muito forte — e também muito agressivo. Por isso, recebeu uma bolsa universitária para jogar rúgbi, mas ele odiava o jogo. Aceitou a bolsa para poder frequentar a universidade, e sua identidade passou a ser: o cara grande, bravo, raivoso, jogador de rúgbi.

No segundo ano, sofreu uma lesão grave. Como resultado, não pôde mais jogar e perdeu a bolsa. Mas, até então, a condição de bolsista fazia com que ele passasse automaticamente nas matérias, então nunca precisara estudar. Por isso, passou a se considerar estúpido.

Agora ele era grande, bravo e estúpido. Não era mais estrela do rúgbi. O que restava? Um cara grande, bravo, com raiva e sem saber o que fazer. Então ele começou a brigar. Brigava com pessoas, era preso com frequência e engravidou uma garota. Sua vida virou um desastre prolongado e violento.

Até que ele conheceu Jesus. E agora está no reino de Deus, perguntando: "O que eu faço?" A raiva não desaparece como mágica, então ele me pergunta:

— O que eu faço com essa raiva tão intensa?

Eu digo:

— Não sei, mas sei como descobrir. — Começamos a nos encontrar e a orar juntos.

Durante o processo de oração, pedi ao Senhor que revelasse a Jerry a primeira vez em sua vida que sentiu esse nível de raiva e qual era a fonte dessa raiva.

> Jerry se lembrou de que a primeira vez que sentiu raiva foi no campo de rúgbi, ainda jovem. Ele não gostava de jogar rúgbi, mas o pai vivia dizendo que ele era fraco e covarde por não querer praticar esportes. Todo esse cenário fez Jerry se sentir uma decepção para o pai. Isso lhe deu uma identidade de indigno.

Aí está. Assim como o jovem Davi estava aprendendo a lutar com leões e ursos e descobrindo sua verdadeira identidade, o jovem Jerry aprendia a se sentir indigno, e sua raiva surgiu para protegê-lo e ajudá-lo a ter sucesso em seu falso eu. Ele assumiu essa identidade falsa e começou a vivê-la.

A identidade falsa de Jerry de "indigno" era a fonte de sua dor, e é exatamente aí que o Senhor queria encontrá-lo: no dia em que Jerry começou a acreditar nessa mentira. O Senhor estava com Jerry naquele dia. Perguntei a Deus: "Senhor, o que você quer que Jerry saiba sobre aquele dia, aquele momento em que ele sentiu esse senso de indignidade?"

Jerry se lembrou de um incidente particularmente humilhante com seu pai. Enquanto orávamos sobre essa memória, Jerry sentiu o Senhor dizendo: "Eu o fiz para ser um conselheiro de pessoas."

Ao ouvir isso, Jerry começou a chorar. Aquele homem grande e raivoso começou a chorar e disse:

— Acho que Deus está dizendo que sou o conselheiro dele.

— Que tipo de conselheiro? — perguntei.

— Um conselheiro familiar.

Sério? Uau. Que trajetória para isso. Faz sentido. Mas o que o inimigo quer que Jerry tema e evite? Sua verdadeira identidade. Quando o Senhor diz: "Você é meu conselheiro familiar", o inimigo imediatamente desafia com: "Sério? Você? Impossível."

É por isso que é tão benéfico estar em uma comunidade de crentes de confiança ao buscar ouvir a voz do Senhor.

Quando nosso pequeno grupo descobriu que Deus havia chamado Jerry para ser conselheiro familiar, todos nós o encorajamos e o responsabilizamos por caminhar para esse chamado. Essa é a definição de verdadeira responsabilidade: afirmar e impulsionar as pessoas para sua verdadeira identidade e seu destino.

Perguntei a Jerry:

— Como você se sente ao saber que será um conselheiro de famílias?

— Me faz sentir bem, mas olhe a minha vida — respondeu Jerry com tristeza.

Resposta errada.

— Como você se *sente* ao saber que será um conselheiro familiar?

Jerry respondeu:

— Será a coisa mais redentora que eu poderia fazer ou imaginar.

Resposta correta! Isso é Jesus. É isso que Jesus faz.

Jerry está prestando *atenção*, está *consciente* e consegue ouvir a *anunciação* de Deus chamando-o de conselheiro. Contudo, veja sua vida: está um caos. É como quando Saulo de Tarso encontrou Cristo vivo na estrada de Damasco e descobriu que, ainda no ventre materno, fora chamado a resgatar e defender os gentios. Curiosamente, Saulo de Tarso, agora o apóstolo Paulo, antes se empenhara em limpar o mundo dos gentios, chegando a persegui-los até a morte. É assim que Deus redime pessoas e acontecimentos: um mistério lindo.

Quando Jerry disse: "Sinto que sou um conselheiro familiar", nós logo o afirmamos e confirmamos o que ele ouvira com as Escrituras.

A comunicação de Deus a você estará sempre alinhada aos princípios e temas da Bíblia. Decerto Jesus chamaria Jerry de "conselheiro". Quem compreende mais tragédias familiares do que Jerry? Quem conhece melhor a raiva no lar do que ele?

Agora Jerry precisa de um plano de *ação*. Para se tornar conselheiro familiar, ele precisa de um diploma universitário. Deus não precisou aparecer em visão para dizer isso a Jerry: é senso comum.

— Ah, não! — exclamou Jerry. — Eu nunca passei em uma única matéria na vida. Tenho quarenta e cinco anos. Não quero voltar a uma sala de aula; sou burro. Nem sei escrever uma frase decente.

Embora fosse verdade que Jerry tivera um péssimo desempenho no ensino médio e na universidade, não era verdade que ele fosse incapaz de aprender ou produzir no meio acadêmico. Para encorajá-lo nessa jornada, nossa comunidade se mobilizou e o acompanhou pessoalmente durante dois anos de faculdade, na qual ele se formou com honras.

Com apoio contínuo de sua comunidade, Jerry concluiu então sua graduação em aconselhamento, enquanto atuava como voluntário no programa de aconselhamento de sua igreja local. Durante esses anos, Jerry também reconstruiu seu relacionamento com a esposa e os filhos.

Embora Jerry tenha vagado por quarenta e cinco anos, perdido em uma identidade falsa, os momentos kairos de sua vida não o deixaram para trás; eles permaneceram imóveis. À medida que Jerry avançava em sua verdadeira identidade, os momentos kairos surgiam à sua vista, e ele os adentrou com convicção.

Não importa quantos anos você tenha. Seu destino e propósito estão ali, caso se disponha a caminhar, dia após dia, na direção certa, em sua verdadeira identidade. Oraria agora e pediria a Deus que o auxiliasse?

Deus, ajude-me a prestar atenção em quem o Senhor diz que eu sou.

Ajude-me a deixar de crer nas mentiras e nas acusações, trocando-as pela sua verdade.

Ajude-me a reconhecer o que você está realizando em minha vida e o que o inimigo está fazendo em minha vida.

Ajude-me a ouvir de você, verdadeiro Senhor Deus. Então, Senhor, orienta-me na elaboração de passos de ação na direção das bênçãos que preparou para mim?

Isto é o que significa permanecer em união vivificante com Cristo, assim como ele permanece em união vivificante conosco.

De volta ao início

Já que iniciamos essa jornada juntos examinando uma interação entre Pedro e Jesus (João 6), vamos terminar considerando outra conversa entre aquele recruta incansável e seu fiel oficial de treinamento de campo, registrada em Mateus 16:15-19.

Jesus começou a conversa com uma pergunta à sala de recrutas inteira: "Quem vocês dizem que eu sou?"

Simão Pedro responde: "Tu és o Cristo, o Messias, o Filho do Deus vivo." *A verdadeira identidade de Jesus!*

Jesus retomou: "Deus o abençoe, Simão, filho de Jonas! Você não tirou essa resposta dos livros ou dos professores. Meu Pai celestial, o próprio Deus, permitiu que você adentrasse o segredo de quem eu realmente sou." *Um resultado da atenção e da consciência de Pedro em relação ao Pai!*

"E agora eu direi quem você é, quem realmente é. Você é Pedro, uma pedra." *A anunciação da verdadeira identidade de Pedro feita por Jesus!*

"Esta é a pedra sobre a qual edificarei a minha igreja, uma igreja tão cheia de energia que nem mesmo as portas do inferno poderão impedi-la." *Receba a verdade!*

"E não é só isso. Vocês terão acesso livre e completo ao reino de Deus, chaves para abrir toda e qualquer porta: não haverá mais barreiras entre céu e terra, entre terra e céu." *É hora de agir!*

Permanecer: atenção, consciência, anunciação e ação.

Entendido? Então, vamos lá.

NOTAS

Prefácio

1. Art (snm) Blumfield, uma figura lendária no campo do combate ao terrorismo, foi meu mentor e sempre se apresentou usando a abreviação "snm", que significa "sem nome do meio". Em respeito à sua vontade, eu o apresento aqui da mesma forma. De toda forma, tenho certeza de que esse não é seu nome verdadeiro, o qual certamente nunca saberei qual é.
2. Êxodo 1:15–21.

Introdução

1. Certa noite, depois de ter tomado várias cervejas, o Troll explicou que seu gosto pela palavra *permanecer* veio da sua mãe católica, que a recitava todas as noites em uma oração. Ele também ama *O Grande Lebowski*, que menciona o termo *permanecer* mais de vinte vezes.
2. Tiago 1:19.
3. A partir deste ponto, pelo bem do espaço nestas páginas, o leitor pode se sentir à vontade para inserir quantos palavrões quiser, quantas vezes quiser, em qualquer uma das falas do Troll, e estará muito próximo da realidade.

4. João 15.
5. PIPER, John. What does it mean to 'abide in Christ'? *In*: Ask Pastor John. *Podcast*. 22 set. 2017. Disponível em: https://www.desiringgod.org/interviews/what-does-it-mean-to-abide-in-christ. Acesso em: 31 maio 2025.
6. João 15:1, 5, 7, 8, 9, 11, 26.
7. João 15:14.
8. João 16:13–14.
9. João 3:16–17.
10. Ao longo de nosso tempo juntos, você pode arranjar um apelido para mim, mas, por favor, guarde-o para si.
11. O dicionário Aulete define *anunciação* como "ação ou resultado de anunciar". Quando faz referência às palavras ditas por Deus/Cristo/Espírito Santo, gosto da sacralidade do termo *anunciação*, pois diz respeito ao anúncio das vontades dele para nossa vida. AULETE Digital. *Anunciação*. Disponível em: https://www.aulete.com.br/anuncia%C3%A7%C3%A3o. Acesso em: 31 maio 2025.

Parte 1: Atenção

1. GARRISON, David. Muslims Turning to Christ — A Global Phenomenon, *Premier Christianity*, 11 maio 2016. Disponível em: https://www.premierchristianity.com/home/muslims-turning-to-christ-a-global-phenomenon/2056.article. Acesso em: 31 maio 2025.
2. Isaías 6.
3. A história de Nick Pappas também é detalhada em Philip Caputo, *A Rumor of War* (Nova York: Owl Books, 1977).
4. Hebreus 2:14–18.
5. Romanos 5.
6. Tiago 5:16.
7. Gênesis 3.

Parte 2: Consciência

1. PEARCE, Joseph Chilton. *The Biology Of Transcendence: A Blueprint Of The Human Spirit*. Rochester, VT: Park Street Press, 2002. p. 111-145; PEARCE, Joseph Chilton. *The Heart-Mind Matrix: How The Heart Can Teach The Mind New Ways To Think*. Rochester, VT: Park Street Press, 2012; EDWARDS, Steve. Heart Intelligence: Heuristic Phenomenological Investigation Into The Coherence Experience Using Heartmath Methods. *Springer Link*, 17 out. 2017. Disponível em: https://link.springer.com/article/10.1007/s00146-017-0767-7. Acesso em: 31 maio 2025.
2. Receber uma identidade de Deus em comunidade nos protege dos enganos do individualismo radical, que é autogerado e subjetivo e produz conflitos internos e externos.
3. Tiago 4:7.
4. 1Samuel 17:12.
5. 1Samuel 16:23.
6. Hebreus 12:2.
7. 1Samuel 30:1–6.
8. Isaías 26:3.
9. Lucas 19:1–10.
10. Mateus 12:38–45; Lucas 11:16–36.

Parte 3: Anunciação

1. Salmos 115:5; Isaías 44:10; 1Coríntios 12:2.
2. Ver também Arthur Koestler, *The Act of Creation* (Londres: Hutchinson and Company, 1964), para um estudo ainda mais amplo sobre os momentos de "eureca", que chegou a uma conclusão similar.
3. Mateus 3:17.
4. Lucas 4:14.
5. Mateus 7:7–11.
6. Lucas 3:21; 5:15–16; 6:12; 9:18, 29; 10:17–21.
7. Mateus 6:5–7.

8. Mateus 6:8.
9. LEWIS, C. S. O leão, a feiticeira e o guarda-roupa. *In*: *As crônicas de Nárnia*. São Paulo: Martins Fontes, 2002. p. 99.
10. Esse não é o nome verdadeiro dele.
11. Veja Chalcedonian Creed (AD 451). Disponível em: https://www.trinityfay.org/wp-content/uploads/The-Chalcedonian-Creed.pdf.
12. LUTHER, Martin. Theses Concerning Faith and Law (1535), *American Edition* 34:112. Disponível em: https://therebelgod.com/Luther/.
13. Para exemplos dos cristãos primitivos, veja GIESCHEN, Charles A., *Angelomorphic Christology: Antecedents and Early Evidence*. Leiden: Brill, 1998; e GIESCHEN, Charles A., The Real Presence of the Son before Christ, *Concordia Theological Quarterly* v. 68, no. 2, abr. 2004, pp. 105-126. Disponível em: http://www.ctsfw.net/media/pdfs/gieschenrealpresence.pdf. Acesso em: 31 maio 2025.
14. LUTERO, Martinho. Treatise on the Last Words of David (1543), *American Edition* 15:313-14. Disponível em: https://therebelgod.com/Luther/.
15. Êxodo 3:14. Em outro momento, Deus se refere a si mesmo como "o Deus de seu pai, o Deus de Abraão, o Deus de Isaque, o Deus de Jacó" (v. 6).
16. Êxodo 33:11.
17. MACKIE, Tim. What is the Shema: Learning to Listen To and Love God, *BibleProject* (blog). Disponível em: https://bibleproject.com/blog/what-is-the-shema/. Acesso em: 16 nov. 2021.
18. Êxodo 2:12.
19. Êxodo 3:1, Hebrew אָחַר, *Blue Letter Bible*. Disponível em: https://www.blueletterbible.org/lexicon/h310/kjv/wlc/0-1/. Acesso em: 09 set. 2021.
20. Êxodo 4:14.
21. KIERKEGAARD, SØren. *O desespero humano*: Doença até a morte. São Paulo: Editora Unesp, 2010. Cap. 1.
22. BENNER, David G. *The Gift of Being Yourself: The Sacred Call to Self Discovery*. Downers Grove, IL: InterVarsity, 2015. p. 83.

23. St. Augustine's Tractate 15 on the Gospel of John, Seção 5. Disponível em: https://www.newadvent.org/fathers/1701015.htm.
24. Leia o livro de Neemias para um estudo de caso dessa hostilidade histórica.
25. João 4:11–12.
26. *Memar Marqah*, 4.7, 12.
27. Memar Marqah, 6.3.
28. Memar Marqah, 2.1.
29. Memar Marqah, 4.12.
30. Na Igreja Ortodoxa, a mulher samaritana é lembrada como a Santa Fotini, martirizada por Nero por sua incansável pregação do evangelho.
31. VOSKAMP, Ann, *One Thousand Gifts*: A Dare to Live Fully Right Where You Are. Nashville: W Publishing Group, 2010. p. 167.
32. 1Samuel 27:1.
33. 1Coríntios 4:1.
34. O termo *éfode*, no Velho Testamento, faz referência a duas coisas diferentes. Uma é a vestimenta usada pelos altos sacerdotes; a outra parece ser um ídolo portátil (1SM 30:7).
35. Romanos 5:20.
36. 1Samuel 23:1–3, 4–5, 10–11, 12–14; 30:8–9; 2Samuel; 2:1–2; 5:17–21, 22–25; 21:1.
37. Mateus 16:22.
38. Romanos 12:1–2.

Parte 4: Ação

1. JONES, Floyd Nolen, *The Chronology of the Old Testament*. Green Forest, AR: Master Books, 2005. p. 99-100.
2. Êxodo 1:21.
3. Hebreu 11:24–28.
4. Daniel 1.
5. Daniel 1:3.
6. João 16:7.

7. BROWN, Brené, *Shame v. Guilt*, Brené Brown (blog), 14 jan. 2013. Disponível em: https://brenebrown.com/blog/2013/01/14/shame-v-guilt/.
8. Isaías 28:16; Sofonias 3:19; Romanos; 10:11.
9. 2Samuel 11.
10. BRESLAU, Naomi, PETERSON, Edward L. e SCHULTZ, Lonni R., *A Second Look at Prior Trauma and the Posttraumatic Stress Disorder Effects of Subsequent Trauma: A Prospective Epidemiological Study,* Archives of General Psychiatry 65, no. 4 (abr. 2008): 431–437. Disponível em: https://pubmed.ncbi.nlmnih.gov/18391131/.
11. Joel 2:25.

Impressão e Acabamento:
LIS GRÁFICA E EDITORA LTDA.